新装版

高齢者のレクリエーション&健康ゲーム

元気とリハビリのために！
無理なく楽しめる

原田律子【編著】

いかだ社

まえがき

私は、リハビリテーション専門学校の保健体育教師として、体育実技とセラピューテックレクリエーションの授業を受け持っています。

学生たちのほとんどが、ＰＴ（PhysicalTherapist 理学療法士）やＯＴ（OccupationalTherapist 作業療法士）を目指している医療系か、あるいはヘルパー1級の資格取得を志望している福祉系の人たちです。

医療・福祉の分野は、高齢化社会が進行する中で、非常に注目される職業分野になってきています。そのため学生たちは、たいへん意欲的に学習に取り組んでいます。

私も日々、どのようにしたら患者さんや医療・福祉施設の利用者の方々に役立つことができるかを考えつつ学生たちと接しています。特に障害や老いを抱えている人たちが、病院や施設での日常活動としてどのようなレクリエーションを取り入れればよいか、どうすれば伸び伸びと自分の能力を発揮できるのか、について具体的な内容を含めて学生たちを指導しています。

私が理想としているレクリエーションは、障害のあるなしにかかわらずだれもが気楽に参加でき、何よりも楽

しくなることです。そして、それを通じてお互いのコミュニケーションが深まっていくことです。

そのためには、道具についても身近にあるものを使って無理なく出来、しかも経済的負担の少ないものがよいのではないでしょうか。

本書では特に「無理なく楽しめ、リハビリに適している」と思えるゲームを取りあげてみました。

集団によるゲームについては、参加者の障害の程度や体力に差がある場合が多いので、対象者に応じてアレンジできるように考えてみました。

私の研究は、まだ緒についたばかりです。こうして1冊の本にまとめる作業をする中で、医療・福祉の仕事に携わっておられる方々の大切さを改めて痛感しました。

この本を活用して工夫を加えていただくことで、ゲームの内容が深められ、楽しさがさらに広がっていくことを切に望んでいます。

原田律子

もくじ

52 どんどん元気が出るゲーム

76 コミュニケーションばっちりゲーム

レクを安全に楽しむための知恵 1

1人でも多くの高齢者が、体を動かす よろこびを味わい、長く続けるためには

1. 運動することの大切さや重要性をわかってもらえるように説明すること。

2. 楽しく行なえるように工夫し、個人を尊重し、無理な時は止められる自由な雰囲気であること。

3. 1人1人の動作能力を考慮した無理のないプログラムを作成し、日常生活動作に結びつけた有効性の高いものであること。

4. 道具を使用する場合は、なるべく身近で用意できるものを用いたり自分でつくったりすることにより意欲をわかせるようにすること。

5. 痛みを伴わないようにし、楽しく長く続けられるようなプログラムであり、もう1度やりたいという希望をもたせること。

レクを安全に楽しむための知恵

2

あなたの声がけ次第で お年寄りは元気になれる！

前ページでは、高齢者がレクリエーションを楽しく続けることにより、今の健康を維持し、日常生活の活性化をはかるという内容を述べました。

しかし、高齢のため身体を思うように動かせないとなれば、いくら身体を動かすチャンスを与えられたとしても精神的に十分楽しめない部分もあると思います。病気や事故で不自由を余儀なくされた場合はなおさらです。身体の状態以外にも、家族のこと、これからの生活のこと、お金のことなど、お年寄りはさまざまな悩みを抱えながら毎日を過ごしています。その人のためにと「レクリエーションをやりましょう」と誘っても、気分が乗らない日もあるでしょう。

楽しんでやっていない、乗り気でない——そんな様子をもし見かけたり見抜いたりした時は、ぜひ積極的にその人に声をかけてあげて下さい。

皆さんには、お年寄りの微妙な心の動きを感じながらレクリエーションのプログラムをつくってほしいのです。身体だけでなく「心のケア」のできる職員になってほしいと、私は願っています。

そうすれば心身ともに健康を維持していくことができるのだと思います。

3 レクリエーション指導で注意すること

高齢者の場合、老化による心身の機能の低下や、さまざまな病気や障害を抱えていることが考えられます。従って、激しい運動を処方することはさけなければなりません。安全で無理のない程度で行ないましょう。また、高齢者が疲労を訴えた場合には、すぐ休ませてあげることはもちろんですが、指導者の側からも常に、「無理しないで下さいね」とか「疲れたら休んで下さい」とか声がけをすることが大切です。

①高齢者の体力は個人差が大きく、呼吸器疾患、循環器疾患に罹患している人が多いため激しい運動は向かない。

②老年者は疲労しやすく回復にも時間がかかるので、途中の休憩や終了後の休養を十分に取る。

③十分な準備運動を行ない、水分補給もこまめに行なう。

④運動を楽しむことが重要。楽しむことにより心が刺激され、若返る。心の若返りは身体に活力を与える。

⑤日々の身体の調子によって運動量を調整し、疲労が残らないように運動時間と項目を考える。

レクを安全に楽しむための知恵

4 このような症状があらわれたら中止しましょう

●胸がしめつけられるように感じる。

●ちょっと動いただけで息切れがする。

●頭痛やめまいがして、ふらふらする。

●顔色がそう白になり、唇にチアノーゼが見られる。

●途中で腹痛があったり、下痢を起こした。

●急に手足がしびれ、冷たく感じる。

●吐き気を感じる。

参考にさせていただいた図書

『介護福祉におけるレクリエーション指導の実際』
（硯川眞旬・野々宮徹・山崎旭男編集、中央法規出版、1990年）

『目でみるシニア健康体操』
（松本迪子・飯田貴子著、大修館書店、1993年）

タオルで元気1 グループでやってみよう

1本のタオルを使って、結ぶ・ほどくを順番にくり返すリレーゲームです。
手軽な道具で、しかも場所をとらずに楽しめます。
あわてず、ゆっくりやりましょう。

用意するもの　●タオル（1人1本）
人数　1グループ10人以内。何グループでもよいが、多い方がおもしろい。
対象　車椅子の人、立位の人も椅子に座って行なう。
ねらい
●身近にあるタオルを使って、身体の機能を落とさないようにする。
●手、指、手首を使うことにより、脳の活性化をはかる。
●できないもどかしさを味わったり責任感を養う。
●集中力を高める。

●準備運動
はじめる前に、指の準備運動として全員に行なわせる。座った状態で横1列に並ぶ。

「グー、パー、グー、パー」のかけ声に合わせて、手を握ったり開いたりを数回くり返す。

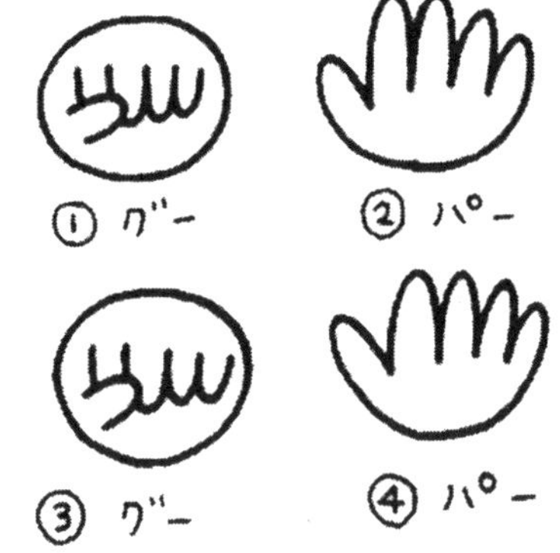

遊び方

その1

❶横1列に並ぶ。端の人がはじめにタオルを結び、となりの人にわたす。わたせない場合は介助の人が手伝ってあげる。次の人は、それをほどく。これをくり返していく。

※強く結んである場合は、介助の人が少しゆるめてあげることも必要。

❷2回目は結んだ状態からはじめ、前回とは逆にやらせる。

※あわてないようにゆっくり時間をかけてやらせる。

その2

縦1列に並ぶ。両手を使って頭越しに後ろの人にタオルをわたしていく。次に、後ろから前にわたしていく。数回行なってみる。

※車椅子と車椅子の間は、後ろの人が前の人の頭にさわれるぐらいの近さにする。

※両手が疲れる場合は、片方の手でもよいとする。

ここがポイント！

- タオルは結ぶよりほどく方が力がいるので、急がせないようにみんなで協力しあう。
- 肩より上に腕をあげることが日常生活では少ないので、ゆっくり時間をかけてやらせる。

タオルで元気❷ 2人でやってみよう

2人でタオルを引っぱりあったり、丸めて投げたりするペアゲームです。タオルを1本から2本使うことによって、静～動の動きへと移行していきます。場所もとらず、タオル1本でコミュニケーションがとれる遊びです。

用意するもの　●2人組でタオル2本
人数　何組でもよい（なるべくなら同性同士の方がよい）。
対象　車椅子の人、立位の人も椅子に座って行う。
ねらい
●ペアになって協力しあい、楽しさを感じとる。
●子どもになった気分でリラックスしてできる。
●声を出すことによって多くの人とふれあう。

遊び方

❶向かい合って、お互いの右手と右手で１本、左手と左手で１本のタオルの端を持ってゆらす。大きくゆすったり、小さくゆすったり、リラックスした状態で行なう。
・両手でゆらす。
・右手どうしでゆらす。（左手はひざの上）
・左手どうしでゆらす。（右手はひざの上）
などいろいろと行なってみる。

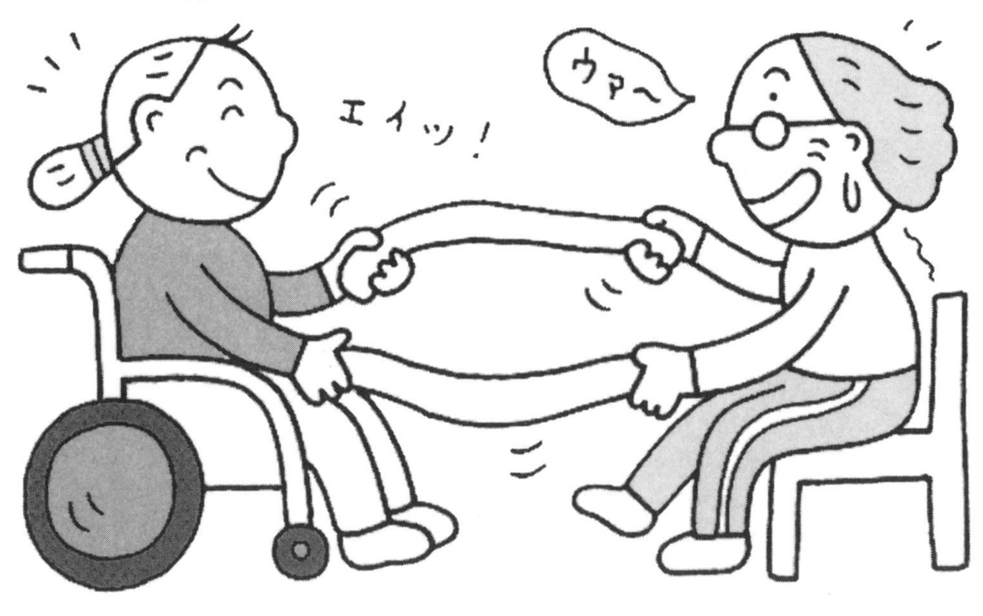

❷お互いに両手で1本のタオルを持って引っぱりあったり、タオルの隅を持ってパタパタと動かしあう。

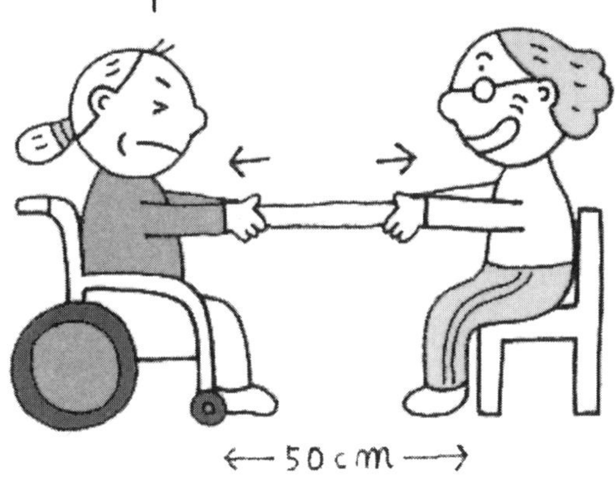

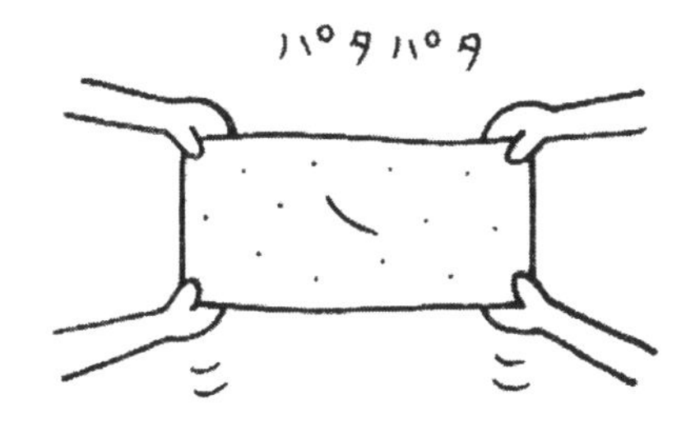

❸1本のタオルをクルクルと丸め、相手のひざの上に投げてわたす。交互に行なう。

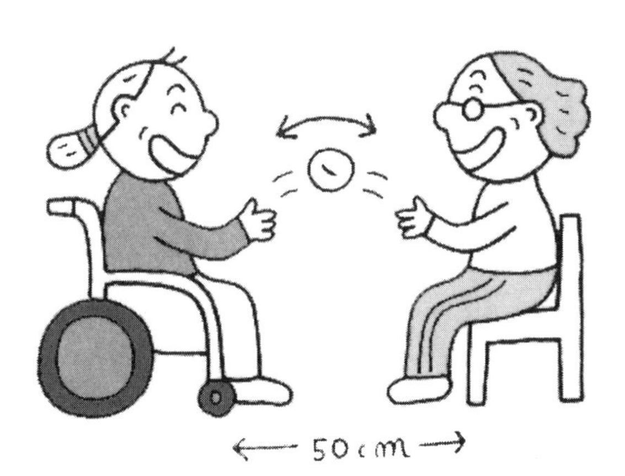

❹ハンカチ取りをする。片方の人が両手でタオルを親指と人差指の間にはさみ、相手にタオルを取らせる。

※2人で声をかけながらハンカチ取りを行なう。

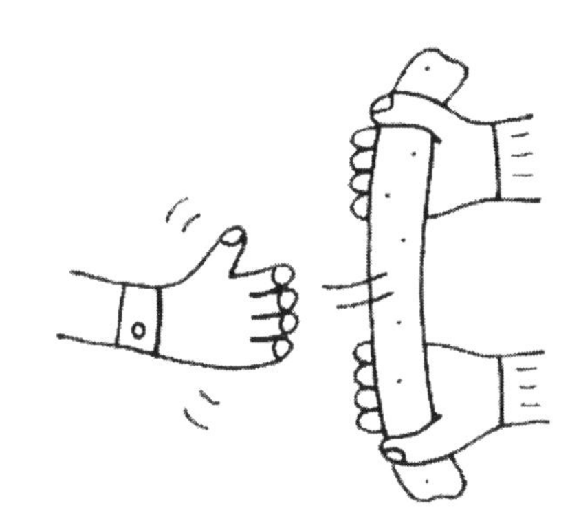

ここがポイント!

- ●お互いの力を同じように出すこと。(1人が強すぎると、一方的になりおもしろさがうすれていく)
- ●相手を替えることによって、より多くの人とふれあいを持つことができるようになっていく。
- ●肩がかたい人は無理をさせない。

ボールとなかよし❶ 落としちゃダメよ

ボールを落とさないように順番に
前から後ろの人へ上手にわたしていくゲームです。
お互いの呼吸を合わせてボールを投げあったりもします。

用意するもの　●大きめのビーチボール（チーム分）●やわらかいゴムボール（1人1個）
人数　大勢でもよい。
対象　車椅子の人、立位の人
ねらい
●全身を使うことで、各機能の活性化をはかる。
●集団での楽しさを味わう。
●投げる・取る楽しさを味わう。

遊び方

その1

ボールを運ぼう

縦１列に並ぶ。大きめのボールを使って、大玉ころがしのように頭の上から後ろにボールをわたしていく。頭まで手があがらない時は肩のところから、または身体の横からでもよい。

その2

1人でキャッチ

自分でボールを高く投げあげて、自分で取る（5回）。

※お互いの距離は1～1.5mぐらい。ゆっくりとした手の運動だが、ころがすテクニックが必要になる。

その3

2人でキャッチ

ペアになり、向かい合ってお互いにボールを投げたり取ったりする（1mぐらい離れる）。座位になり、2人でボールをころがし合う。

立ちあがり、ボールを投げ合う。

※お互いの距離は1～1.5mぐらい。

ここがポイント！

- ●相手の気持ちを考えて投げることが大切。
- ●無理に頑張りすぎないようにすること。

ボールとなかよし❷ ホールインワン

天井からつるされたかさの中にボールを投げ入れます。
ボールがかさに入るとゆれてしまい、なかなか入らないので
注意力も必要です。

用意するもの　●雨がさ（2本）●テニスボール（たくさん。新聞紙を固めに丸めてつくったものでもよい）●カラーテープ●ヒモ
人数　多い方がよい。紅白にわかれて行ない、時間を決めてやってみる。
対象　車椅子の人、立位の人
ねらい
●グループゲームの楽しさを味わう。
●協力して目的を達成するよろこびを味わう。
●投力、注意力を養う。

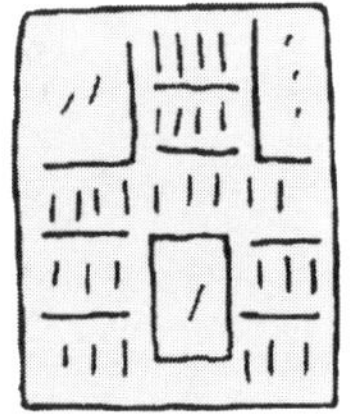

準備
❶かさを広げて天井からヒモでぶら下げる。

❷かさを中心にして、半径2mの円を書く（カラーテープをはるとよい）。

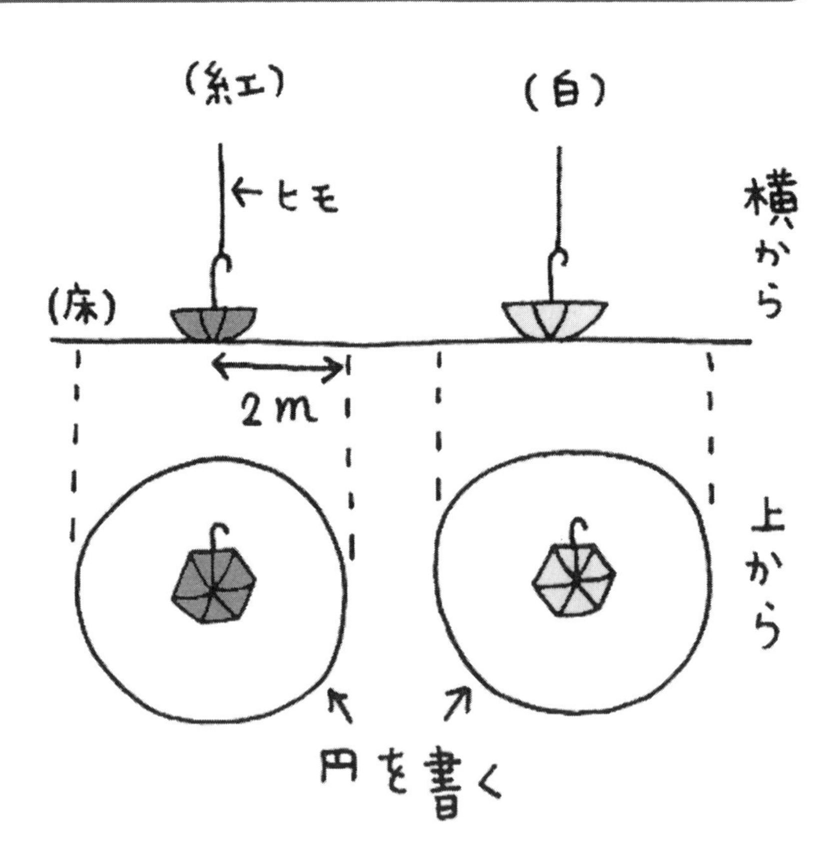

遊び方

❶紅白にわかれて行なう。

❷「よーい、ドン」の合図で、円の外からボールを投げ入れる。

❸時間を決めて行ない、どちらのチームがボールをたくさん入れたかを競いあう。

ここがポイント!

- 投げる位置からかさまでの距離は、体力に応じて、またメンバーによって配慮する。
- かさも大人用や子ども用などを用意するとおもしろい。
- 体力に応じて円の広さを考える。

人間ダービー❶私の馬は何着？

カップメンの丼で馬の帽子をつくり、馬になりきって競馬をしましょう。
サイコロをふって、出た数だけ進んだり下がったりしながら、
ゴールをめざします。どの馬がいちばん早いかな？

用意するもの　●カップメンの丼（1人1個）●カラーテープ●サイコロ1個（市販のものでもいいしダンボールで大きめにつくってもよい）●ゴールテープ●馬づくりに必要な物（色紙、マジックペン、クレヨン、のり、ハサミ）●運動会用の曲（カセット）
人数　1レース3～5人（人数が多いと、待ち時間も長くなりおもしろさが半減する）。
対象　車椅子の人、立位の人
ねらい　●集団で遊ぶ楽しさを味わう。
●サイコロをふることで数字を認識する。

馬の帽子のつくり方

頭にかぶった時落ちないようにゴムひもをつける。
カップメンの表面に色紙をはる。耳をつけ、眼は黒マジックなどで書く。
好きな馬の名前をつけると、より楽しい。

コースのつくり方

フロアーにカラーテープをはり、直線コースをつくる。ます目の中にカラーテープで大きく数字を書く（旗を立ててもよい）。大きめに切った模造紙にメッセージを書き、ますのあちこちにはる。

1m ↔

A	1	2	3	4	5	6	7	8	9	10
B	1	2	3	4	5	6	7	8	9	10
C	1	2	3	4	5	6	7	8	9	10
D	1	2	3	4	5	6	7	8	9	10
E	1	2	3	4	5	6	7	8	9	10

↕ 1m以内

スタート　　ゴール

メッセージの例

●かぜをひいて1回休み。
●米寿のお祝いで旅行に行くので、そのままゴールへ。
●嫁とケンカして2つ下がる。●孫が生まれて1つ進む。
●当たりクジで1等が当たり3つ進む。

遊び方

❶「よーい、ドン!」の合図で、Aさんより順にサイコロをふっていく。車椅子の人は、介助の人が押してあげる。立位の人にも介助がつき、数を確認する。

❷サイコロで出た数だけ進む。下にメッセージが書いてあれば、その内容に従う。なければそのまま。早くゴールした人の勝ち。

ここがポイント!

●立位の人は自分の足で移動するが、待っている間は椅子に座らせるなどの配慮をする。

●出た数字は、なるべくはっきりとした声で言わせる。
（サイコロをふったら、介助の人が本人に数字を見せる）

人間ダービー❷私の愛カップはどこ？

人間ダービー①では帽子をかぶった本人が動きますが、ここでは
カップメンの馬を動かします。せまいスペースでの遊びとして
やりやすい上に、寝たきり状態の人も楽しめます。

用意するもの　●模造紙●マジックペン（黒、赤）●両面テープ●カップメンの丼（1人1個）●馬づくりに必要な物（色紙、クレヨン、のり、ハサミ）●運動会用の曲（カセット）●サイコロ（2個。市販のものでもいいし、ダンボールで大きくつくってもよい）

人数　1レース10人ぐらい。

対象　寝たきり状態の人、車椅子の人

ねらい

●集団で遊ぶことの楽しさを味わう。

●寝たきりの人でも、手・足などを使ってサイコロをふらせることにより、参加していることを認識できる。

●音楽を流すことにより、はじめての人でも実際の競馬場に近い雰囲気を味わうことができる。

馬のつくり方

両面テープをつける。
カップメンの表面に色紙をはる。
耳をつけ、眼は黒マジックペンなどで書く。好きな馬の名前をつけると、より楽しい。

コースのつくり方

壁に模造紙を6枚つないではり、そこに、マジックペンでコースを書く。ます目のあちこちにメッセージを書く（メッセージの例を参照）。

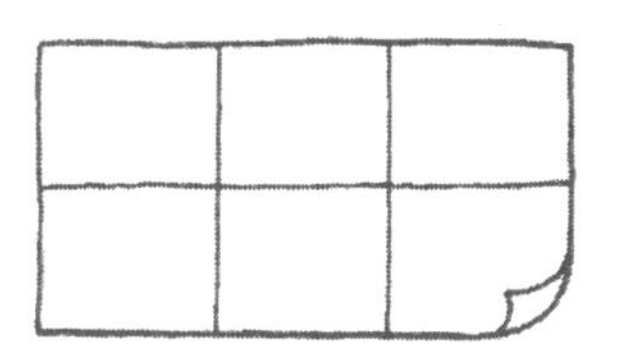

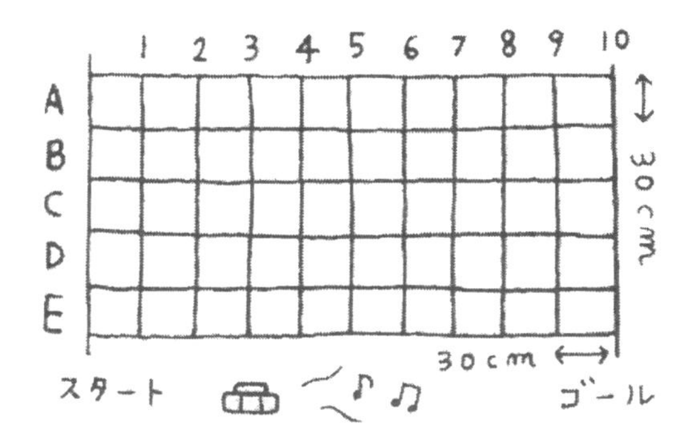

遊び方

❶「よーい、ドン！」の合図で、Aさんよりサイコロをふっていく。寝ている人でも手や足を使い、または介助をしながらふらせる。どうしても無理なら、介助の人が本人の手を持ってあげてふる。

❷出た数を確認し、介助の人が馬を動かす。メッセージが書いてあればその内容に従う。なければそのまま。早くゴールした人の勝ち。

メッセージの例

●かぜをひいて1回休み。●嫁とケンカして2つ下がる。
●結婚50周年で海外旅行に行き、そのままゴールへ。
●孫が面会に来てくれ、うれしくて2つ進む。●一時帰宅で1つ進む。

ここがポイント！

●本人に「いくつ進みましたよ」「次はこうでしたよ」と必ず告げ、確認させながら行なう。
●時どきは本人に自分の馬が何着か聞いてみてもよい。

私のお相手だ〜れ？

自分が手にとったカードと対になっているカードを持った相手を探します。人のカードを聞いたり見たりし、相手が見つかったら、その人とゴールをめざしましょう。どんなカップルが誕生するでしょうか？

用意するもの　●カード用紙（Ｂ５ぐらい）●旗２本　●リボンテープ（ゴール用）●カラーテープ　●ハサミ　●えんぴつ
人数　30〜40人（１組８人で５組ぐらい）人数が多い方がおもしろくなる。
対象　車椅子の人、立位の人
ねらい
●脳を刺激することによって思考力を養う。
●異性と腕を組んだりすることにより自分らしさを強調する。

遊び方

❶各グループは、Ａコース（４人）とＢコース（４人）にわかれて並ぶ。

❷スタートの合図で、Ａコース・Ｂコースが同時にスタートし、２ｍ先に置いてあるカードを、１人１枚手に取る。

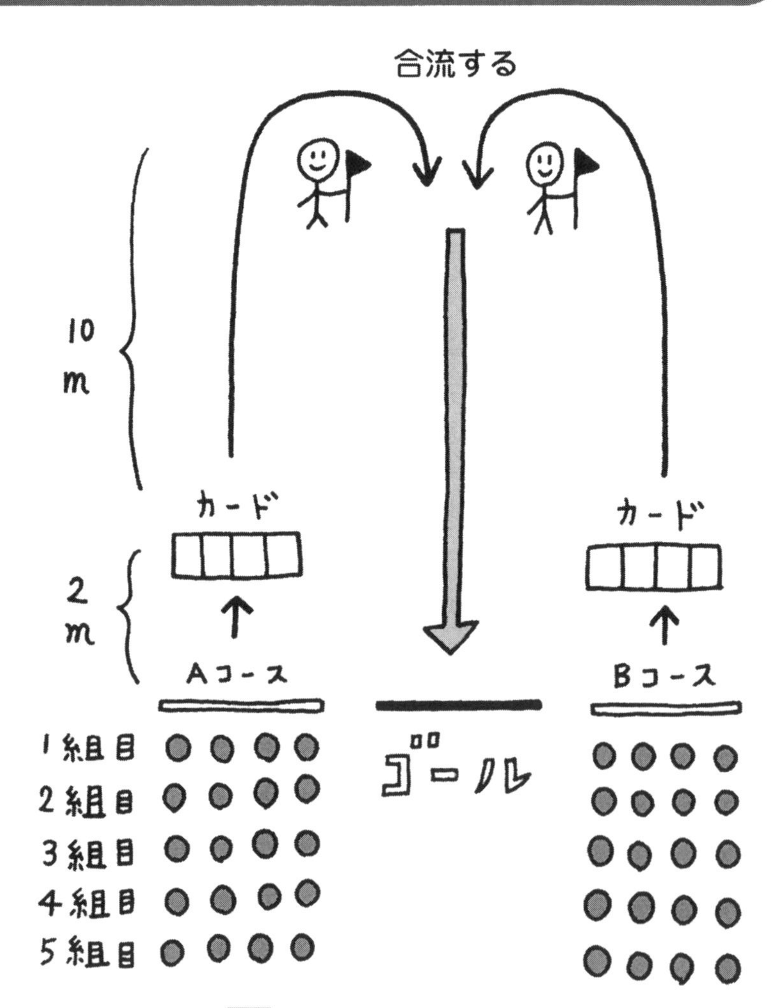

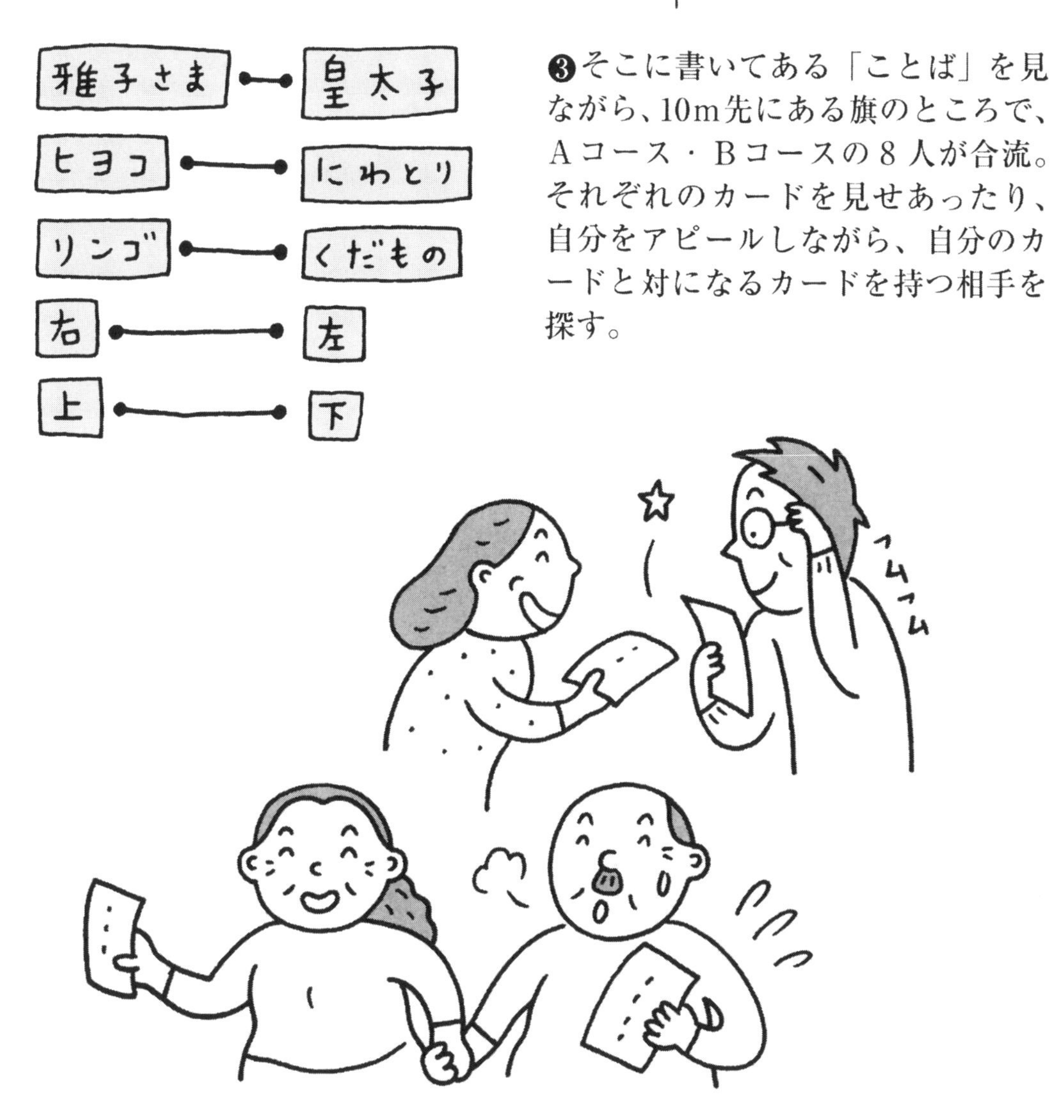

❸そこに書いてある「ことば」を見ながら、10m先にある旗のところで、Aコース・Bコースの8人が合流。それぞれのカードを見せあったり、自分をアピールしながら、自分のカードと対になるカードを持つ相手を探す。

❹相手が見つかったら、その人と手をつなぎ、ゴールへ向かう。各組全員ピッタリだと4点、ペアにならない人とゴールした場合は、点数に数えない。各組の合計点数で勝ちを決める。

ここがポイント！

- 男女の割合は同じ方がよい。
- 人数が多いほど相手探しが難しくなり、頭を使って探し回ることになる。
- カードの内容は、かんたんでわかりやすいものとする。

お料理教室

与えられたメニューをつくるための材料はどこだ!?　好きなメニューを選んだら、みんなで何を入れるか探しましょう。意外な材料を使う人もいたりして、新しい料理の発見もあるかもしれません。

用意するもの　●食事の材料を書いた用紙（例：カレー粉、にんじん、パン粉、しょう油など）　●メニューを書いた大きなナベ各種（画用紙でつくる。本物のナベでもよい）　●模造紙（またはダンボール）　●セロテープまたは両面テープ

人数　１グループ10人ぐらい。人数は多い方がよい（男女混合の方がおもしろい）

対象　車椅子の人、立位の人

ねらい

●それぞれのメニューの材料を選ぶことによってつくる意欲をわかせる。

●どのメニューにはどんな材料が入っていたか思い出させる。

準備

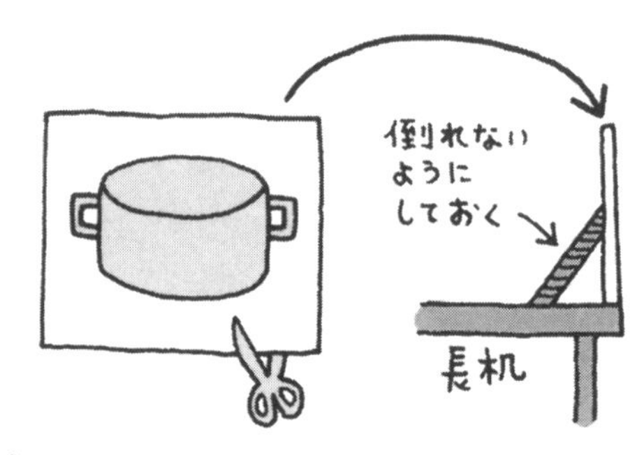

※ナベの回りにメニューを書いてもよい。

遊び方

それぞれのおナベにメニューがついている。近くにメニューに必要な材料が書かれたカードがある。その材料がどのメニューのものか、そのメニューによく使われるものかを考えて、テーブルの下の紙にはっていく。お互い話しあってもよい。だいたい出そろったところで終わりとする。みんなで、１つ１つメニューの前に座って確認しあう。

※ナベは本物の大ナベでもよい。その中にメニューの名札を立てる。

※材料の裏に両面テープをつけておくか、介助の人がついてセロテープではってあげる。

※テーブルの回りに介助の人がついていて、字を読んであげたり、アドバイスをしてもよい。

ここがポイント!

- 1つのメニューでも、中に入れる材料がちがう場合もあるので、めずらしい材料が入っている時にはみんなで話しあうのもおもしろい。
- 家庭、施設でよく出されるメニューをはじめにもってくるとよりわかりやすい。
- 自分の好きなメニューだけでなくいろんなメニューも考えさせるようにうながしていく。

道はつづくよどこまでも

2チーム対抗のジャンケンゲームです。道の途中で出会った2人がジャンケン勝負！勝った方は進み、負けた方は次の人がスタートします。こうして勝負をくり返し、先に相手チームのゴールに着いた方が勝ちです。

用意するもの
●カラーテープ（床にはってコースをつくる）
人数　１チーム５～６人。チーム別にわかれるので多くてもよい。
対象　車椅子の人（自分で動かせる人）、立位の人
ねらい
●早足で歩くことで全身運動になる。
●連帯感を強める。
●グループゲームの楽しさを味わい競争する意欲を持たせる。

遊び方

❶A、Bチームにわかれ、はじめの１人が各スタートラインにつく。

❷「よーい、ドン」の合図で、コースにそって早足で前に進む。

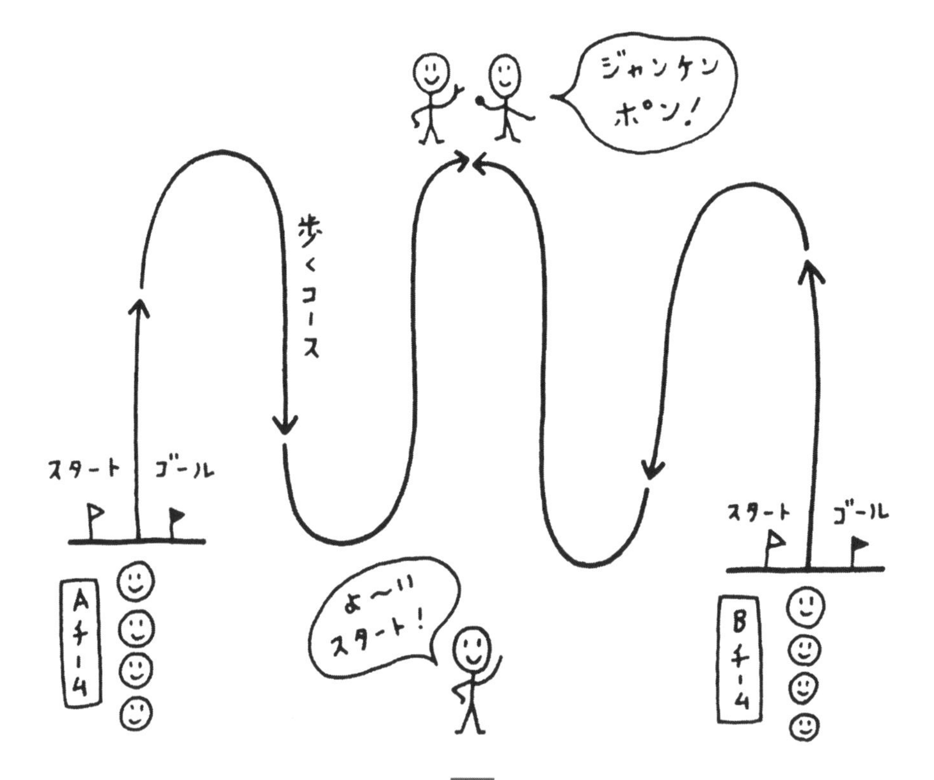

❸各チームの１人目がコース上で出会ったところでストップし、ジャンケンをする。

❹勝った人は、そのままコースにしたがって前に進んでいく。負けた人は、自分のチームに負けたことを示して、２番目の人が早くスタートするように伝える。

❺負けたチームの２番目がスタートする。負けた人は、自分のチームにもどり、後ろにつく。

❻そして、また２人が出会ったところで止まり、ジャンケンする。以上の動きをくり返して前に進み、相手チームのゴールに早くたどりついた方が勝ちとなる。

※あまりカーブの多いコースや急な角度のカーブは、さけた方がよい。

※はじめる前に、１回全員でコースを歩いてみて感じをつかむ。

※立位の人も待っている間は椅子に座る。

ここがポイント！

- 早く歩くので、夢中になりすぎてころばないように注意する。
- コースの設定については、お年寄りの能力、安全性、おもしろさなどから考えて決める。
- なるべくコースを歩くようにうながしながら進ませる。

車椅子ダンス① 北国の春

みんながよく知っている歌（北国の春）のメロディーにあわせて身体を動かしましょう。歌にあわせて動かせば、無理なく楽しく運動できるでしょう。上半身または脚を使ったおどりです。　作詞：いではく

用意するもの　●テープレコーダー●カセットテープ（北国の春）
●模造紙にも大きく歌詞を書き、みんなに見えるようにはる。
人数　大勢の方が楽しい。自由隊形でもいいし、円になってもよい。
対象　車椅子の人、立位の人も椅子に座って行なう。
ねらい
●リズムにあわせたふれあいの中から、表現するよろこびをわかちあう。
●手足を動かしたり上半身を動かすことにより運動不足を解消する。

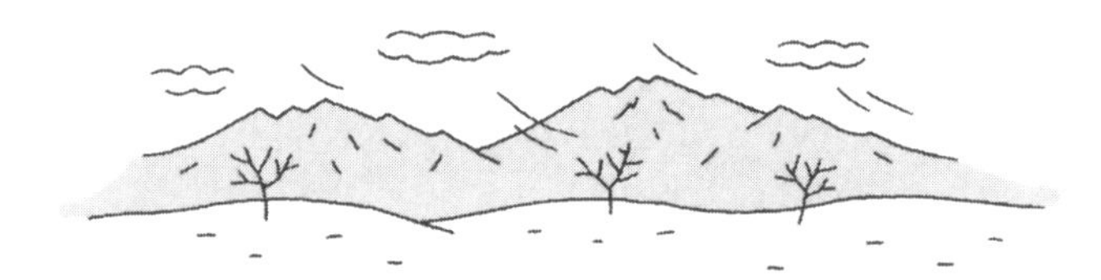

遊び方

その1　上半身を使って

①　しらかば

左腕を体の前下から大きく回す。

②　あおぞら

右腕を体の前下から大きく回す。

③　みなみかぜ

両腕を真上にあげ、頭の上で右２回、左２回、計４回ふる。

④　こぶしさく

右手＝手の甲が上向き
左手＝手の平が上向き
そのままじっとしている。

⑤　あのおかきたぐにの

④の逆。右手＝手の平が上向き
左手＝手の甲が上向き

⑥　あーきたぐにの

④のくり返し。

⑦　はる

⑤のくり返し。

⑧　きせつが

腰から上半身を前に倒し、腕は頭の上の方から半円を描く。

⑨　とかいでは

上半身をおこすと同時に、腕を下からふりあげ上体をおこす。

⑩　わからない

⑧のくり返し。

⑪　だろうとー

⑨のくり返し。

⑫　とどいた

①のくり返し。

⑬　おふくろの

②のくり返し。

⑭　ちいさな

腕を胸の前でクロスする。

⑮　つつみ

その姿勢で体を左、右と２回ゆらす。

⑯　あのふるさとへ

腕をクロスしたまま右にたおす。

⑰　かえろかなー

腕をクロスしたまま左へたおす。

⑱　かえろうか

クロスした手を伸ばして大きい円を描くように回す。

⑲　なー

両手を下から少しあげながら深呼吸する。

その2 脚を使って

① しらかば

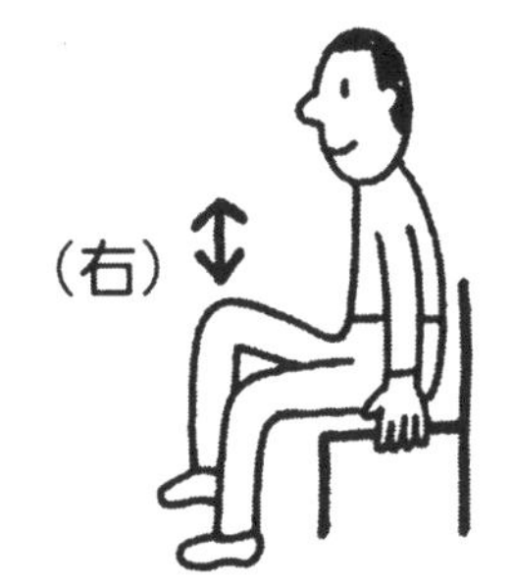

右ひざの上げ下ろし。

② あおぞら

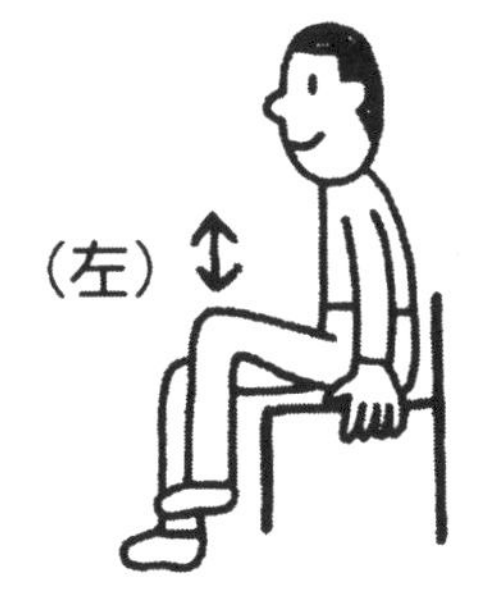

左ひざの上げ下ろし。

③ みなみかぜ

両ひざを合わせて一緒に4回ゆっくりふる。

④ こぶしさく

右足をまっすぐ伸ばし、下ろす。

⑤あのおかきたぐにの

左足をまっすぐ伸ばし、下ろす。

⑥ あーきたぐにの

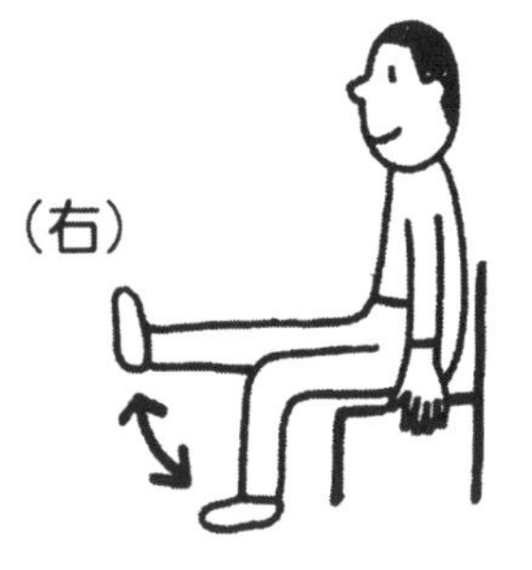

④のくり返し。

⑦ はる

⑤のくり返し。

⑧ きせつが

右ひざを右側に開いて、ひざから下を伸ばしてすぐもどす。

⑨ とかいでは

左ひざを左側に開いて、ひざから下を伸ばしてすぐもどす。

⑩　わからない

⑧のくり返し。

⑪　だろうとー

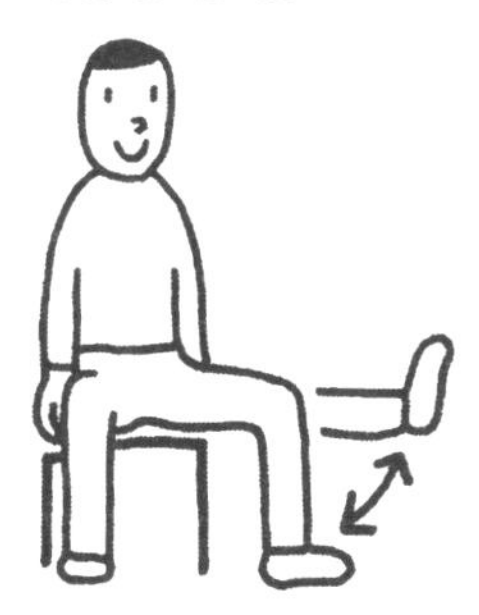

⑨のくり返し。

⑫とどいたおふくろの

座ったまま8回、足ぶみを行なう。

⑬ ちいさなつつみ

座ったまま、なるべくつま先で小きざみに足ぶみを行なう。

⑭ あのふるさとへ

両足のひざ下を前に出し、ひっこめる。

⑮　かえろかなー

ひざ下を両足一緒に左にポイントしてもどす。

⑯　かえろうか

ひざ下を両足一緒に右にポイントしてもどす。

⑰　なー

⑮のくり返し。

ここがポイント！

- ●うちわなどを手に持ってもよい。
- ●曲に合わせておどることにより、スター気分にさせる。
- ●無理に曲げ伸ばしたり、上げたりしないようにさせる。

車椅子ダンス❷ 四季の歌

みんながよく知っている歌（四季の歌）のメロディーにあわせて身体を動かしましょう。1人でのおどり、立位の人（健常者の人）とのペアダンスを紹介します。

作詞：荒木とよひさ

用意するもの　●テープレコーダー　●カセットテープ（四季の歌）　●模造紙にも大きく歌詞を書き、みんなに見えるようにはる。
人数　大勢の方が楽しい。自由隊形でもいいし、円になってもよい。
対象　車椅子の人、立位の人、健常者
ねらい
●うたいながらおどることにより、雰囲気をいっそう楽しいものにし、身体全体の活性化をはかる。

遊び方

その1　1人でおどろう

1番

① はるを

右手を斜め上にかざし、左手を左下方に伏せ伸ばす。

② あいする

元にもどす。

③ ひとは

①の反対動作。元にもどす。

④　こころ

胸前で「チョン、チョン」と手拍子。

⑤　きよき

両手を左右水平に開く。

⑥　ひと

④⑤の動作をくり返す。

⑦　すみれの

両手を下から胸の前で交差して半回転し、斜め上にあげる。

⑧　はなのような

⑦の反対動作。

⑨　ぼくの

右手、左手交互に胸の前でクロスする。

⑩　ともだち

腕をクロスしたまま上半身を左右にふる。

2番

① なつを　② あいする

1番の①②と同じ。

③ ひとは

1番の③と同じ。

④ こころ

1番の④と同じ。

⑤ つよき

1番の⑤と同じ。

⑥ ひと

④⑤の動作をくり返す。

⑦ いわをくだくなみのような

両手首を立て、交互に4回前に押し出す。

⑧ ぼくのちちおや

1番の⑨⑩と同じ。

3番

① あきを ② あいする ③ ひとは

1番の①②と同じ。

1番の③と同じ。

④ こころ

1番の④と同じ。

⑤ ふかき

1番の⑤と同じ。

⑥ ひと

④⑤の動作をくり返す。

⑦ あいを

両手を両ほほに当て身体を左に傾ける。

⑧ かたる

両手を両ほほに当て身体を右に傾ける。

⑨ ハイネの

⑦と同じ。

⑩　ようなー

⑧と同じ。

⑪　ぼくのこいびと

1番の⑨⑩と同じ。

4番

①　ふゆを

②　あいする

1番の①②と同じ。

③　ひとは

1番の③と同じ。

④　こころ

1番の④と同じ。

⑤　ひろき

1番の⑤と同じ。

⑥　ひと

④⑤の動作をくり返す。

⑦ ゆきをあいする

右手を上に伸ばし、ヒラヒラさせながらおろしていく。

⑧ だいちのような

左手を上に伸ばし、ヒラヒラさせながらおろしていく。

⑨ ぼくのははおや

1番の⑨⑩と同じ。

その2 ペアでおどろう（車椅子と健常者）

1番

① はるをあいするひとは

お互いに向き合い、両手をつなぎ、左右にゆっくり4回ゆらす。

② こころきよきひと

お互いの右手をつなぎ、車椅子の人を健常者の人はゆっくり回してあげる（右回り）。

③ すみれの

お互い自分の太ももを3回たたく。

④ はなのような

お互いの両手を4回打ちあう。

⑤ ぼくのともだち

両腕を胸の前でクロスし、上体を左右にゆっくりたおす（4回）。

2番

① なつをあいするひとは

お互いに左手同士を高くあげる。左足を１歩前にステップし、右足を左足にそえてポイントする。次に右足を後ろにステップし、左足を右足に引きそろえる。

② こころつよきひと

１番の②と同じ。

※座位で手をつなげない人の場合は、健常者の人が車椅子を持って動かしてあげる。握力のない人は健常者の人がしっかり手をつないであげるようにする。

③ いわをくだく

１番の③と同じ。

④ なみのような

１番の④と同じ。

⑤ ぼくのちちおや

１番の⑤と同じ。

3番

① あきをあいするひとは

1番の①と同じ。

② こころふかきひと

1番の②と同じ。

③ あいをかたるハイネのような

健常者の人が、車椅子のソデに手をつき、前後にゆっくり動かす。後ろからはじめる。後ろに2回、前に2回。

④ ぼくのこいびと

1番の⑤と同じ。

4番

① ふゆをあいするひとは

2番の①と同じ。

② こころひろきひと

2番の②と同じ。

③ ゆきをあいする

1番の③と同じ。

④ だいちのような

1番の④と同じ。

⑤ ぼくのははおや

1番の⑤と同じ。

ここがポイント！

●明るく、楽しい気分でおどれるように。あまり得意でない人に対しては上手な人とペアにして、ゆったりとした気分にさせるようにリードする。
●早くなって車椅子を回しすぎないように相手のテンポにあわせる。
●踊れない人には、音楽にあわせて歩く練習などをするとよい。
●休みをとりながら疲れさせないように気をつける。
●ペアの場合は見つめあっておどるとムードが高まる。

私ってどんな顔？

各チームにわかれ、リレーで人物の顔をつくりあげていく福笑いゲームです。共同で仕上げていく楽しさと、目の前で人物ができあがっていくおもしろさを味わえます。

用意するもの　●ベニヤ板●不織布（白、黒）●両面テープ●タオル●マジックペン●ハサミ●顔パネルを立てかける台
人数　顔パーツの数だけ人数が必要。
対象　車椅子の人、立位の人
ねらい
●みんなと共同で仕上げていくよろこびを味わう。
●想像力を養う。

顔パネルと顔パーツをつくる

ベニヤ板に白の不織布をはる（パネルシアター用の白い布を使うとやりやすい）。顔のりんかくは黒の不織布でつくる。または模造紙に顔のりんかくを書いてベニヤ板にはってもよい。

不織布を切ってつくる。
まゆ2　目2　鼻1　口1　耳2

遊び方

❶スタート地点でテーブルの上にある顔パーツのうち1つを手に取り、職員にタオルで「目かくし」をしてもらう。

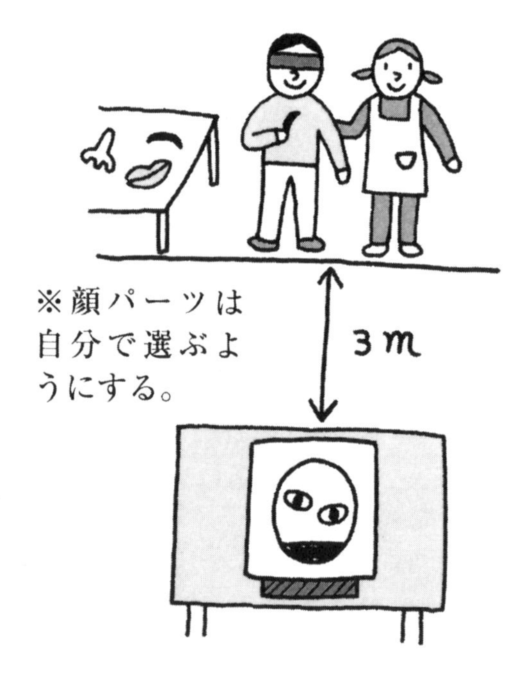

※顔パーツは自分で選ぶようにする。

❷職員と一緒に3m先の顔パネルの前まで行き、適当と思われる位置に顔パーツをつける。

❸そこで目かくしをはずしてスタート地点にもどる。

❹次の人にリレーし、顔パーツを全部つけ終わったら終了となる。

ここがポイント！

- 参加者全員の協力で出来上がっていく顔の変化を楽しみながら、いかにおもしろく仕上がったかを見る。
- 仕上がる早さを決めるものではない。
- ちょうどよい位置に置かれたら、拍手をして盛りあげよう。

お口にア～ン

何種類かの動物の絵を描き、口のところを大きく切り抜きます。
そこに新聞紙でつくったボールを投げ入れて、
何個入ったかをチームごとに競いあう玉入れゲームです。

用意するもの ●新聞紙●セロテープ●動物の絵を描いた模造紙●ダンボール●カゴ（ボールを入れておく）●ガムテープ
人数 人数は多くてもよい。
対象 車椅子の人、立位の人
ねらい
●手首、腕を使うことにより投げる力を養う。
●コントロールが要求される。
●集中力、思考力を養う。

ボールのつくり方

新聞紙を丸め、セロテープで形を整える。たくさんつくって用意をしておく。
大…握りこぶし大
小…握りこぶし半分の大きさ

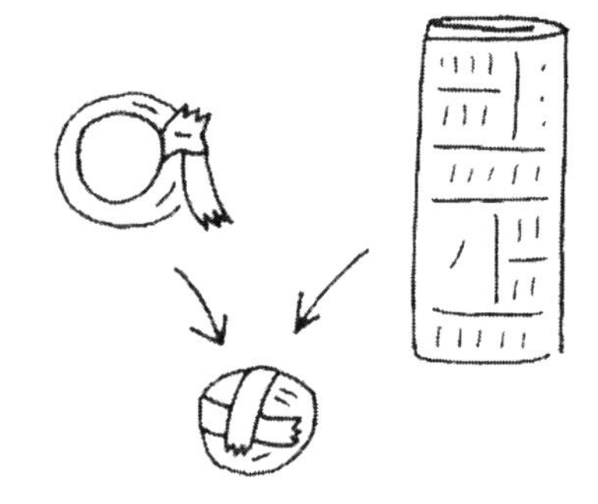

的のつくり方

動物の絵を描いた模造紙を、たたんだダンボールにはる。口のところは切りぬく。

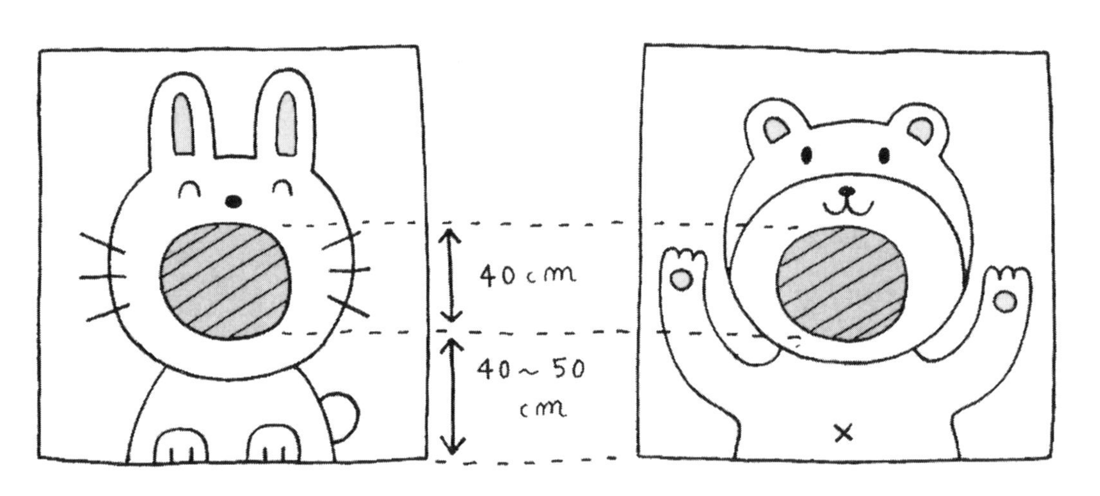

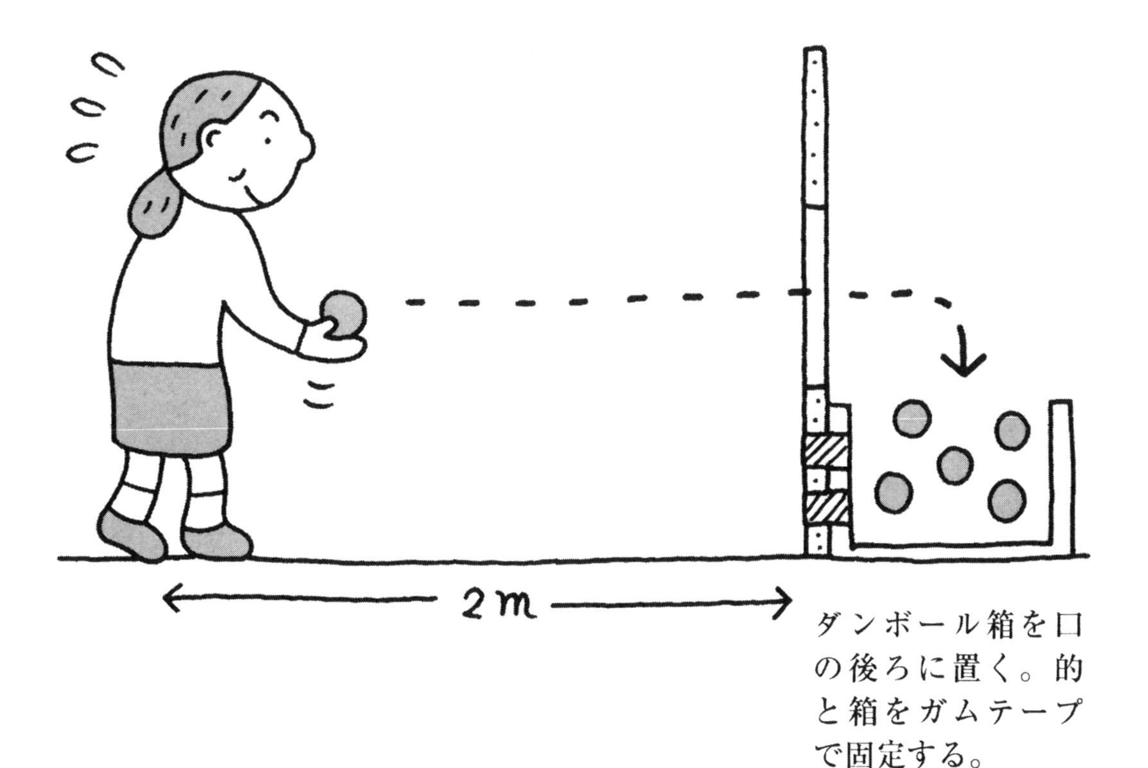

遊び方

❶1人ずつ順番に、動物の絵から2mの距離からボールを投げ入れる。

❷時間を決めて行ない、チームごとにいくつボールが入ったかで順位を決める。

※口の中にうまく入れることができたら、みんなで拍手したりして応援しよう。

※上手な人は口を何かで少しずつかくし、せまくしていってもおもしろい。

ここがポイント！

- 動物の口の大きさを変えるとおもしろい。
- 動物を変えると気分も変わってよい。
- かんたんなようで難しいところにおもしろさがある。
- 体力によって、障害によって、動物の口までの距離を変える。

はじめは何だった？

模造紙に描かれた絵をバラバラに切り、ジグソーパズルのように、もとの絵に復元するゲームです。
最初は枚数を少なくし、慣れてきたら難しくするとより楽しくなります。

用意するもの　●模造紙（グループ分）　●クレヨン
人数　１グループ６～10人（何グループでもよい）
対象　車椅子の人、立位の人
ねらい
●手や指を使うことによって、脳に刺激を与える。
●仲間とともに行ない、完成するよろこびを味わう。
●根気を養う。

遊び方

❶５～８人ぐらいで１グループになり、各グループに絵の描かれた模造紙を配る。３～５分の間、その絵をよく見て覚えてもらう（グループの人数やゲームをした回数、難しさによって、時間を調整する）。

❷その模造紙を人数分にちぎる。そして、バラバラにちぎった絵の紙片を１人１枚ずつ持って集まり、元の模造紙に復元する。

※慣れてきたら、人数を増やしたり、パズルの数を多くしたり、いろいろなパターンを試してみよう。

ここがポイント！

- はじめは少ない枚数にし、慣れてきたらだんだん難しくしていく。
- 細かくしすぎると並べる時に大変なので、細かくしすぎないようにする。

ピッタリの靴はどれ？

テーブルの上には靴の片方だけが並んでいます。色や形をよく見て覚えたら、もう片方を探しにレッツゴー！
たくさんある中から対になる靴を早く見つけ出すゲームです。

用意するもの　●靴（男性用と女性用各７～８足）（例：運動靴、ハイヒール、サンダル、ゲタ、ぞうり、長靴、幼児用ズックなど）
人数　５～10人ぐらいで１グループとする。大勢で何組つくっても可。男女混合チームの方が楽しい。
対象　車椅子の人、立位の人
ねらい
●同じサイズ、色の靴を見つけるための判断力をつける。
●指示された靴の形、色、右、左をきちんと確認できるか思考力を養う。
●たくさんの中から見つけ出すための集中力を養う。
●仲間とともに考え、話しあい、そして完成するよろこびを味わう。

遊び方

❶はじめに、片方だけ置いてあるいろいろな靴をじっくり見る。その時、男物か女物か、色、形、サイズを確認し、自分ではいてみたりしながら覚えておく。

※なるべく特徴のはっきりした色あいのものを多くした方がよい。

❷そして、たくさんの靴がある中から、その片方と思う靴を選び出す。自分で１回１回たしかめながら、ピッタリと思う靴をみんなで探す。

❸１回目は、グループの人数の半分ぐらいの靴の数からはじめ、仲間とゆっくり話しながら探す時間を多くとる。２回目からは、１足ずつふやしていく。

※１回目は、並べてある靴の対になるものだけを用意して、その中から探し出すようにした方がよい。
２回目からは余分な靴を１〜２足ずつふやしていき、慣れてきたら多くしてもよい。

※今はやっている靴から、昔はいたような靴まで幅広くあれば、なお思い出しやすく探しやすいかもしれない。

※自分たちが今はいている靴を用意してみるのもおもしろい。

ここがポイント！

- 同じ種類の靴でもサイズによってちがうので、そこが見分けられるか。
- 右足、左足をちゃんと見て確認しているか。
- 行き来するのに動きがはげしくなりやすいので、身体の不自由な人がいる時にはけがのないように注意を払う。
- あまり急がせないように注意する。

タオル体操

タオル1本あれば、せまい場所でも十分に運動ができます。タオルを使ったストレッチ体操で、身体があたためられ、血行もよくなります。肩こり予防にも役立ちます。

用意するもの　●タオル（1人1本）

人数　大勢でやる方がよい。自由隊形とする。

対象　車椅子の人、立位の人も椅子に座って行う。

ねらい

●身体の各部位を動かすことで、内臓の強化にもなり、柔軟な身体を保つことができる。

●ゆっくりとした動きに呼吸を合わせることで、疲れを少なくする(ケガの防止につとめる)。

遊び方

❶胸の前で両手でタオルを持つ。ゆっくり左右に引っぱり、またもどす（8回行なう）。

❷両手でタオルを持ち、腕を肩幅に開く。肘をまげずに、ゆっくりひざから、バンザイをするように腕を上に伸ばす（8回行なう）。

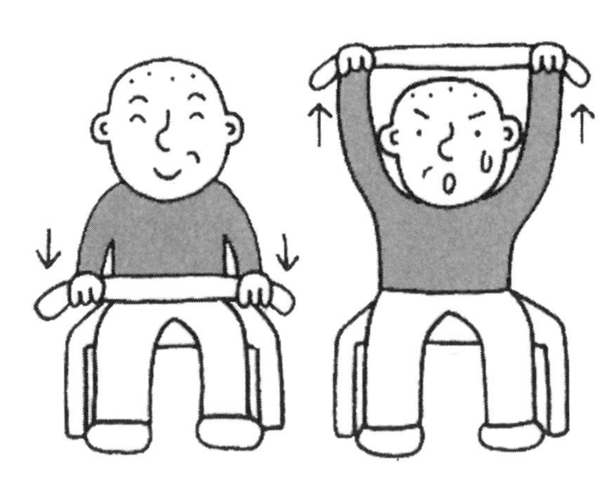

❸タオルを首の後ろに当て、両手でタオルの端を持ってゆっくり右→左に引く（8回行なう）。

❹背中を洗う感じで右肩から左腰にかけて当て、タオルをななめに引き合う（8回行う）。
次に左上から右下に（8回行なう）。

❺タオルを肩幅に持つ。身体を前に曲げてゆっくり起き上がり、バンザイをするように伸びる（8回行なう）。

❻タオルの両端を持つ。身体を左、右と横に向けるように腰をひねる（8回行なう）。

※となりの人とぶつからないように配置を考える。
※介助の人が手を添えた方がやりやすい場合は手伝ってあげる。

ここがポイント！

- 1回の回数はみんなの状態を見て決めた方がよい。
- あまり無理をさせないようにし、十分に呼吸をして、心身ともにやわらかくときほぐす。

おはじきとり

紙皿に入っている「おはじき」を、わりばしを使って紙コップに移し、次の人は、紙コップの中から紙皿に移します。
こうして交代をしながら、早く全員が終わったグループを勝ちとします。

用意するもの　●紙皿　●紙コップ　●わりばし（人数分）
●おはじき（各グループ20個）なければ大豆など豆類でも可　●丸い（または四角い）テーブル　●座卓
人数　多い方がよい。たくさんの小グループをつくる。
対象　車椅子の人、立位の人
ねらい
●細かい手指の運動によって脳の刺激になる。
●集中力を養う。

遊び方

❶おはじきを20個入れた紙皿と紙コップを、各グループに１組用意する。

❷最初の人は、紙皿の上にのっているおはじきをはしでつまんで、紙コップの中に移していく。全部移し終わったら次の人にわたす。

❸ 2番目の人は、紙コップの中に入っているおはじきを紙皿へ移していく。

❹このように交代しながら続け、早く終了したグループが勝ちとなる。

※車椅子の人はテーブルに、立位の人は座位になり座卓に座る。リハビリも兼ねているので、あわてさせないでゆっくりやらせる。

※1個ずつでなくてもよい。2～3個つまめたらそれでよい。

ここがポイント!

- あわてさせないようにする。
- 競争心をもたせないように、あくまでリハビリの目的で行なわせる。

魚つりゲーム

室内でできるかんたんなつりゲームです。
つりざおの先についている磁石で魚をつり上げます。
ゆれるつり糸を上手にあやつりながら、好きな魚をよ～くねらって！

用意するもの　●ブルーシート（または模造紙数枚）●竹ざお（1～1.5m。1グループ5本ぐらい）●たこ糸●磁石●魚を描いた紙（たくさん）●ゼムクリップ（魚の数だけ）●お皿やカゴ（1グループ5個ぐらい）

人数　1グループ5～10人ぐらい。交代して行ない、大勢の人が参加できるようにする。

対象　車椅子の人、立位の人（座って行なってもよい）

ねらい

●肩より上にあげることの少ない腕をゆっくりと何回もあげることにより、リハビリも兼ねることができる。

●集中力を養う。

ブルーシート

●海を想像させるためいろんな形をつくるとおもしろい。なければ模造紙を何枚かつないで青くぬり、変形に切る。

海

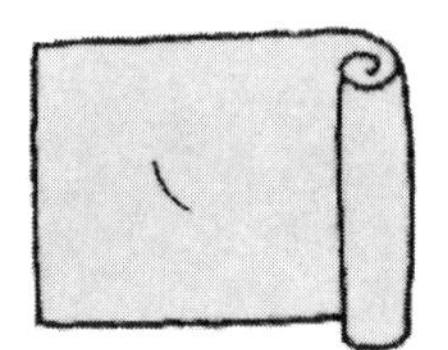

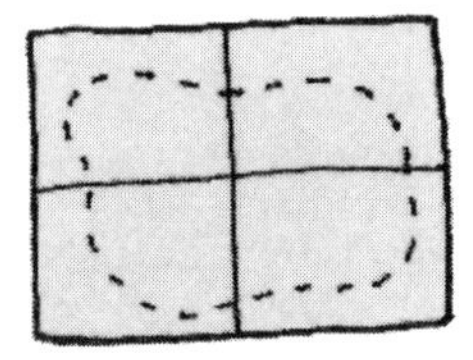

つりざお

糸の長さは長短各種用意する。

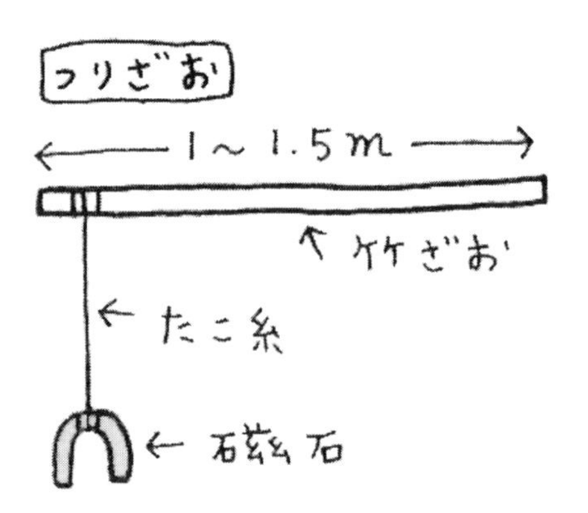

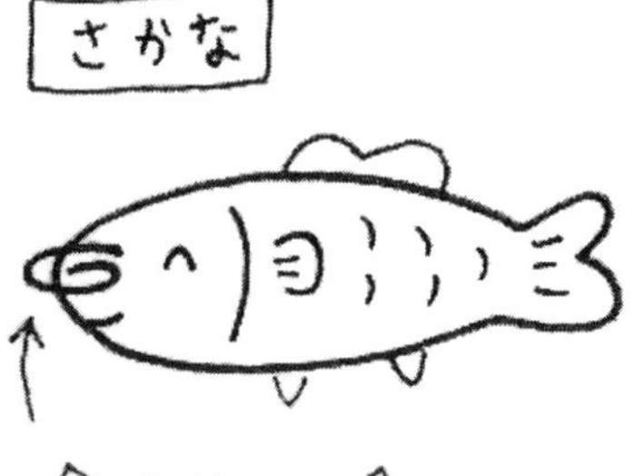

※途中でさおを換えてもよい。

遊び方

❶座位、車椅子、立位と、各自の身体に応じた状態で、ブルーシートの回りにちらばる。

❷つりざおを持ち、魚をつり上げる。つったら用意したお皿（カゴ）に入れる。

※場所は自由に移動することができるので、1か所にとどまらず自分の取りたい魚のところに行く。

❸時間を決めて行ない、最後に自分が何匹つったかを確認する。

ここがポイント！

- 急がず、ゆっくり時間をかけて取るようにうながす。
- 魚は、大小さまざまな種類を用意する。
- たこ糸の長さは長短それぞれ用意する。長い糸のさおを使えば、自然と高く腕をあげるようになる。

くだもの大好き

グループ対抗で行なう室内つりゲームです。
たくさんつったグループが勝ちですが、焦るとうまくつれませんよ。
よ～く集中してくださいね。

用意するもの ●くだものを描いた紙（たくさん。くだものの他に、デザートを描いたものも用意するとよい）●ゼムクリップ（くだものの数だけ）●竹ざお（1～1.5m。1グループ2本ぐらい）●磁石●模造紙（数枚）●たこ糸
人数 1グループ5～6人。3グループつくる。
対象 車椅子の人、立位の人
ねらい
●肩より上にあげることの少ない腕をゆっくりと何回もあげることにより、リハビリも兼ねることができる。

準備

●模造紙を何枚かはり合わせてお皿の絵を描く。

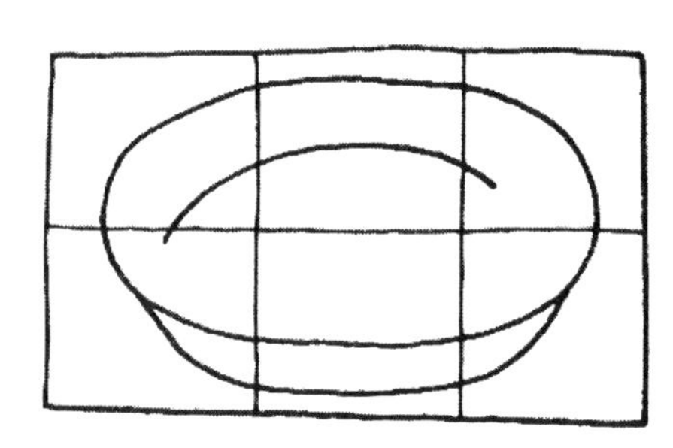

●くだものの絵を中に入れる。

遊び方

❶5～6人で1グループになる。3グループにわかれて行なう。時間は10分～15分とする。

❷「よーい、ドン」の合図で、各チームから1人ずつ出てくだものをつる。1個つったら自分のチームのところにもどり、さおを元の場所に置く。自分のつったくだものを持って次の人にバトンタッチする。

各チームの前に
つりざおを置く。

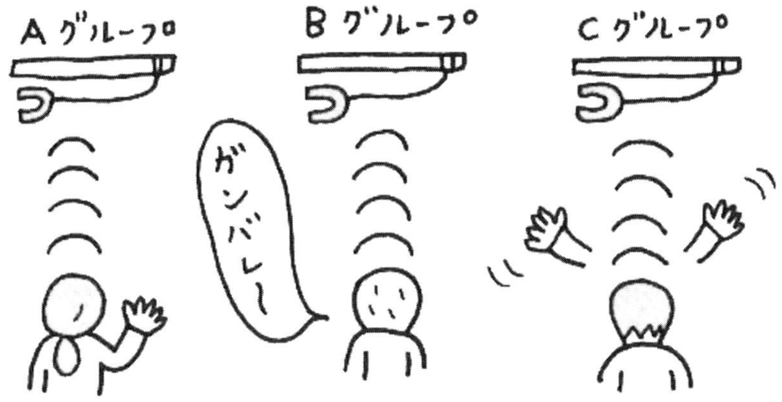

❸終了の合図があったら途中でもやめる。自分のチームにいくつくだものがあるか数えて、多いグループが勝ちとする。

※車椅子の人は押してもらって現地まで行き、つったらまた押してもらって自分のチームまでもどる。

ここがポイント！

- 好きなくだものに集中するかもしれないので、早くつり上げた方が有利になる。
- たこ糸の長さは長短それぞれ用意する。長い糸のさおを使えば、自然と高く腕をあげるようになる。

ボールをころがせ！

ボールをけとばしたりころがしたりしながら、
指定されたコースを回る個人・ペアゲームです。
それぞれの運動能力に合わせて、ゆっくり時間をかけて行ないましょう。

用意するもの　●ゲートボール用スティック（グループ分）
●ゴムボール（大・小。グループ分）
人数　2グループにわかれるので大勢でもよい。
対象　車椅子の人、立位の人
ねらい
●手の他に足、腰、頭、肩などいろいろな部分を使うことにより、全身の刺激になる。
●集中力を養う。

遊び方

その1　足でけってみよう

ボールをけってその距離を競う（ボールが止まった所まで）。

※ボールはけりやすいように介助の人が本人の足の前に置いてあげる。

その2

スティックでトライ

ゲートボール用のスティックを使ってボールをとばし、その距離を競う（ボールが止まった所まで）。

※当たりやすくするために、ボールは大きいボールを用意する。

その3

みんなでころがそう

つま先でボールをけりながら前に進み、旗を回ってスタートラインにもどる。

※介助の人が横にそれたボールを拾い、本人の足元に置いてあげてもよい。また、そばにいて、手を引いてあげたりしてもよい。

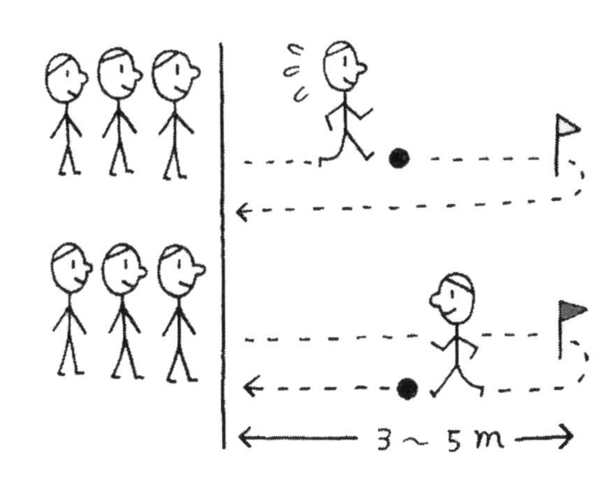

2人組でお互いにボールをけりながら進み、旗を回ってスタートラインまでもどって次の人にわたす。

※ボールが遠くに行ってしまったら、介助の人が拾って本人の足元に置いてあげる。

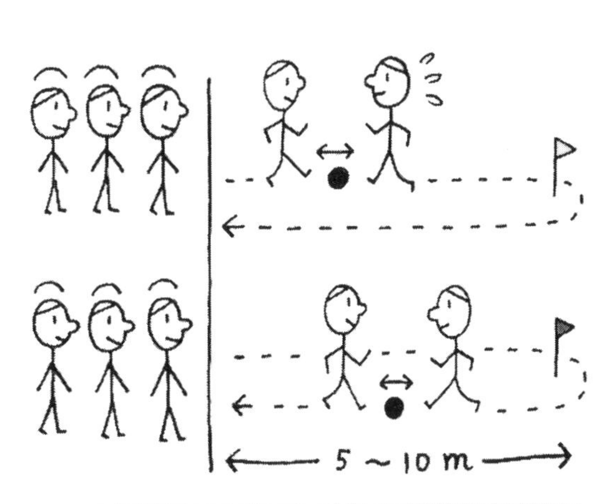

ここがポイント！

- 体力に応じてスタートから旗までの距離を決めるようにする。
- 片手（どちらかがマヒしている場合）の人はスティックが握りづらいので配慮してあげる。

スプーンレース

グループ別にわかれ、順番に、おたまにボールをのせて落とさないように歩き、旗を回ってもどります。うまくコントロールしながら上手に歩きましょう。回りの人の応援も大きな声で！

用意するもの
●おたま（グループ分）バドミントンのラケットでもよい　●ついたてになるもの（ダンボール、長机を倒して、など）　●カラーボール（小。グループ分）　●旗（グループ分）
人数　多い方がよい。グループ別にわかれて競いあう。
対象　車椅子の人、立位の人
ねらい
●リレーすることでふれあいを高める。
●仲間意識を高め、ゲームに興味をもって取り組む意欲を養う。
●集団での楽しさを味わう。
●集中力、根気を養う。
●歩き方を工夫する。

遊び方
❶グループにわかれ、各グループから1人ずつスタートラインに立つ。

❷手におたまを持ち、ボールをのせる。「よーい、ドン」の合図でスタート。ボールを落とさないように歩き、旗を回ってスタートラインまでもどって次の人にバトンタッチ。

※おたまのかわりにバドミントンのラケットを使ってもよい。ただし、各グループ同じ条件にする。

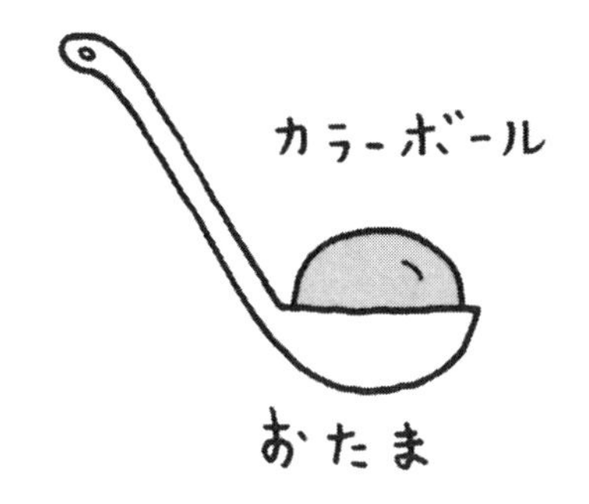

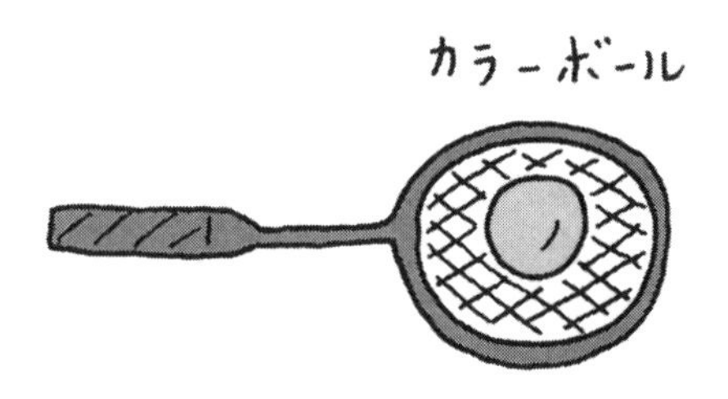

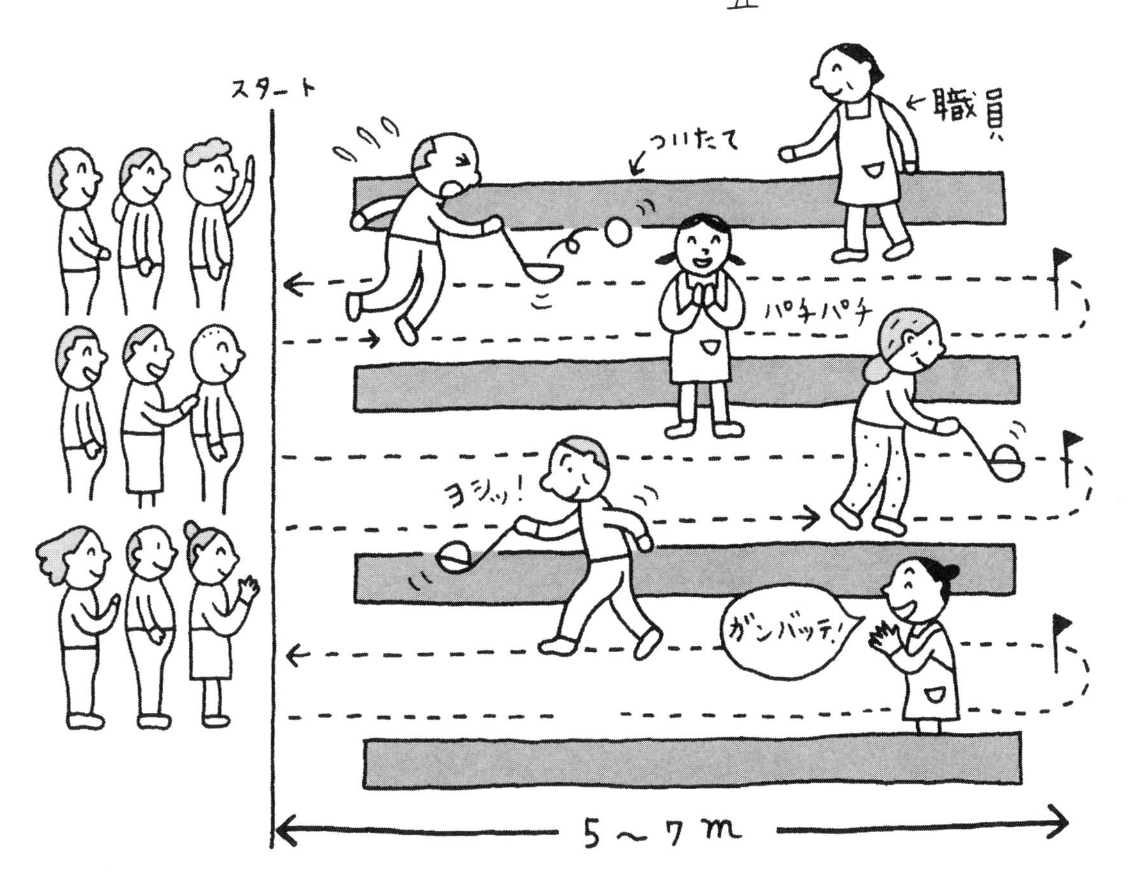

※途中でおたまを持ちかえてもよい。

※両側についたてをして落ちたボールが遠くまでころがっていかないようになっているが、もし遠くまで行ってしまったら、職員が介助してあげる。

ここがポイント！

- ●ゲームの進め方の説明はゆっくりとわかりやすく。
- ●ボールが思わぬ方向にころがっていくことがあるので、あまり遠くへころがっていかないようにコースの両サイドを工夫する。
- ●自分のグループの人がやっている時は、回りの人が頑張るように声をかけるとよい。
- ●かなりコントロールが要求される。

ふうせんバレーボール

1チーム6人でネット（ひも）をはさんで行なう、ふうせんを使ったバレーボールです。試合時間は5分間で、得点の多い方が勝ち。
座位でも車椅子でも楽しめます。

用意するもの　●片側５×６ｍのコートか、半径６ｍの円形コート　●ふうせんまたはビーチボール（１個）　●ホイッスル　●約１ｍの高さのスタンド（バドミントン用など）　●ビニールひも
※体力や障害に応じてふうせんかビーチボールのどちらかを使う。
人数　１グループ６人。（２グループ以上）
対象　車椅子の人、立位の人
ねらい
●ふうせんを目で追い、手で打つことによって集中力をつける。
●手足を動かすことにより、日ごろの運動不足を解消する。
●グループゲームの楽しさを味わい、競争する意欲をもたせる。

遊び方

コートを準備する

ネットの高さは1ｍ。最高でも座位の人がバンザイした手の高さにする。スタンドがなければ、椅子で代用する。

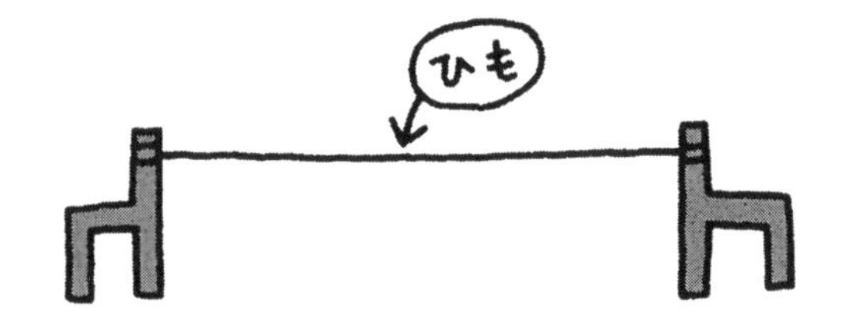

フロアーの広さによって四角または円形のコートをつくる。

※コートの大きさは身体の状況によって決める。

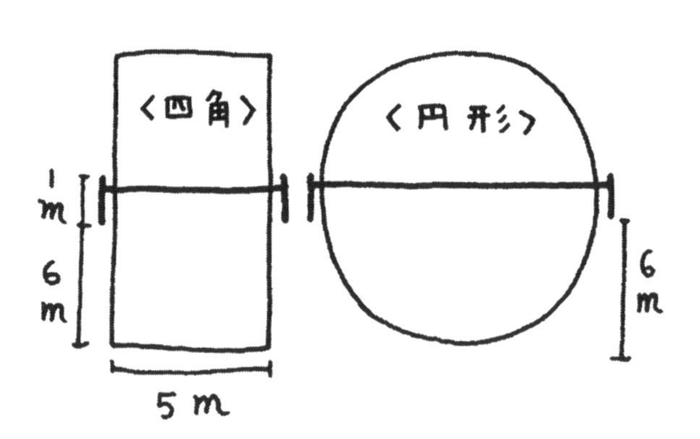

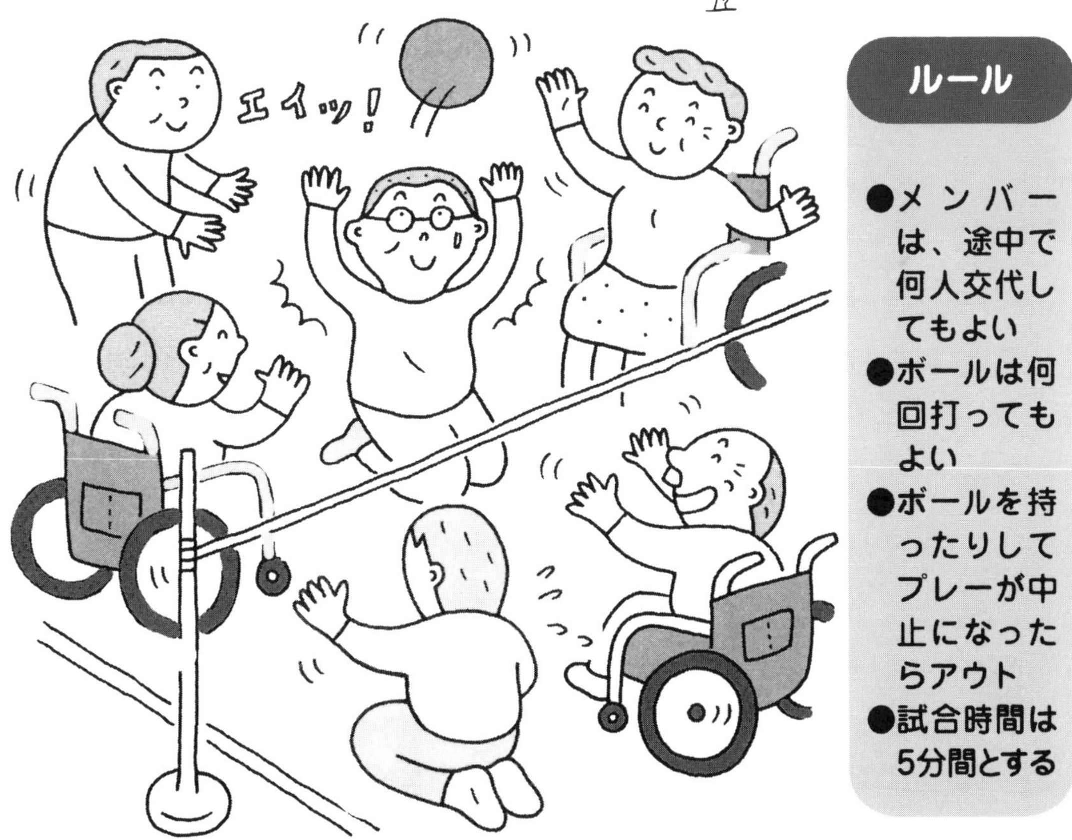

ルール

- メンバーは、途中で何人交代してもよい
- ボールは何回打ってもよい
- ボールを持ったりしてプレーが中止になったらアウト
- 試合時間は5分間とする

❶各コートの中に、座位・車椅子の人が入る。立位の人は疲れたら交代するか、車椅子に座って行なう。車椅子の人には、危険防止のために介助が必ずつくように。

❷交互にサーブをし、相手側のコートにボールを返す。ボールは何回打ってもよい。５分間で得点の多いチームが勝ち。

※全員がボールにさわれるように、コート内での場所を交代した方がよい。
※腕を多く使うので、肩を痛めやすくなる。無理せずに他の人と交代する。

ここがポイント！

- みんなで応援すると、より楽しくなる。
- 腕や腰をできるだけ伸ばしながら行なうとよい。
- 障害部位の無理な動きは避ける。
- 適度な水分補給を心がけ、換気にも注意する。

背中にポ〜ン ① 玉入れ

赤白チームにわかれ、自チームの色のカゴに、同じ色のボールを入れます。
職員がカゴを背負って中央に座り、おしりで少しずつ回転していきます。
時間内にいくつ入れられるかな？

用意するもの　●肩にかけられるようにひものついたカゴ（中くらいのダンボールでもよい）●カラーテープ（赤、白）●新聞紙でつくった紙ボール（赤白各50個）
人数　1グループ10人ぐらい。何グループでもよい。終わったら交代していく。
対象　立位の人と車椅子の人をわけた方がやりやすい。
ねらい
●玉入れで童心にかえり、仲間とともに楽しむ。
●動いている的に投げ入れるので集中力が養われる。

準備

●紙ボール
新聞紙を丸めてボールをつくる（握りこぶし大）。回りを赤、白のカラーテープで巻く。
赤白各50個

※円の回りにボールをころがしておく。

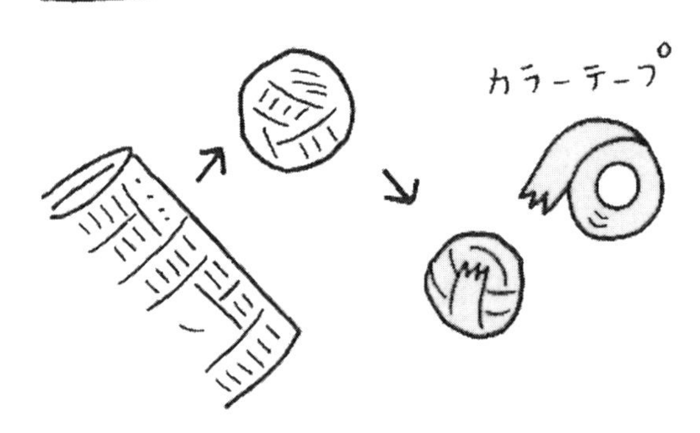

●カゴ
カゴの上のふちを赤のテープ、白のテープで巻いて目印にする。

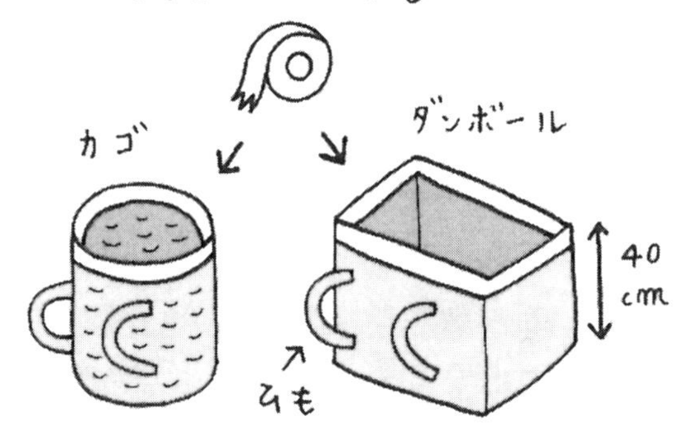

※円の回りを自由に動いて投げてよい。

遊び方

❶赤チーム10人、白チーム10人が一緒になる。「よーい、ドン」の合図で、自分の色のボールをひろって、自分の色のカゴに投げ入れる。職員はカゴを背負って座り、少しずつゆっくりおしりで動く。

❷時間は3〜5分とし、フエの合図で終了とする。

※投げる時は、半径1mの円の中には入れない。

❸カゴと同じ色のボールだけを1個ずつ数えていく。ちがう色のボールは数えないこととする。

ここがポイント!

●赤、白チームが一緒になって行なうので、まちがえのないように自分が何色チームであるかということの自覚が必要。

背中にポ〜ン❷歩く玉入れ

カゴを背負った職員がゆっくり歩いています。
歩きながら自分のチームの色のカゴにボールを入れるゲームです。
時間内にどのくらいカゴに入ったかを競いあいます。

用意するもの　●肩にかけられるようにひものついたカゴ（中ぐらいのダンボールでもよい）●カラーテープ（赤、白）●新聞紙でつくった紙ボール（赤白各50個）
人数　1グループ10人ぐらい。
対象　広い範囲にわたって歩くので、立位の人と車椅子の人をわけた方がよい。
ねらい
●広いフロアー全体を使い、動き回る範囲が広くなるので、集団でのふれあいを楽しめる。
●歩きながらの動作なので、全身運動になる。
●童心にかえって楽しむことができる。

カゴ
カゴにひもをつけてかつげるようにする。

紙ボール
新聞紙を丸めてボールをつくる（握りこぶし大）。
回りを赤、白のカラーテープで巻く。
赤白各50個

※フロアーに赤ボール、白ボールを50個ずつころがしておく。

※ボールをふんでころばないように職員も注意を払う。

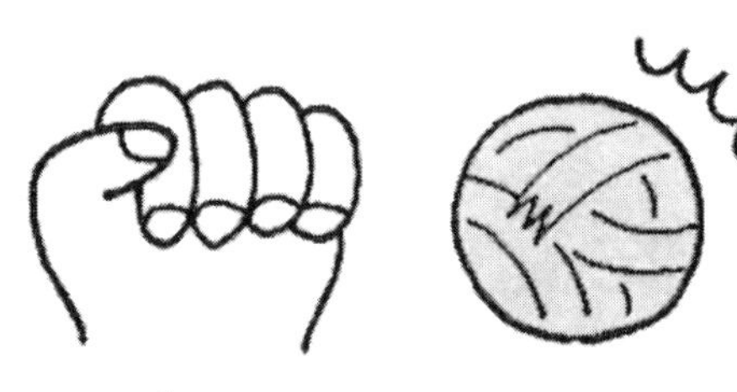

握りこぶしぐらい！

遊び方

❶赤チーム10人、白チーム10人で行ない、「よーい、ドン」の合図ではじめる。カゴを背負った職員は、フロアーをゆっくり歩き回る。自分のチームの色ボールを拾い、カゴに入れる。ボールを拾っている間にもカゴはあちこち動くので、そこまで歩いて持っていく。

※車椅子の人もいるので、ぶつからないように、あわてないように注意が必要。

❷時間は3～5分とし、フエの合図で終了とする。

❸カゴの色と同じボールだけを1個ずつ数えていく。ちがう色のボールは数えないこととする。

ここがポイント！

- 赤、白チームが一緒になって行なうので、まちがえのないように自分が何色チームであるかということの自覚が必要。
- 車椅子の人がいたり、ボールがころがっているフロアーを歩き回るので、足元や回りの動きにも注意を配る。
- 下を向いてボールを拾い、身体を起こし、腕を上にのばすという一連の動きは、リハビリにちょうどよい。

あき容器ボウリング

ボールをころがして、あき缶やペットボトルのピンを倒します。
ピンに書かれた点数の合計で勝負！
ピンが倒れる音もにぎやかで楽しいですよ。

用意するもの
●あき缶（350～500㎖。10個）　●ペットボトル（1ℓもしくは500㎖。10本）　●子ども用のゴムボール　●バレーボール　●点数を書く用紙　●カラーテープ　●接着剤またはセロテープ　●マジックペン

人数　1グループ5～10人。

対象　立位の人、車椅子の人

ねらい
●音楽を流すことにより、リズミカルに投げることができ、身体の動きがよくなる。
●ボールを当てる工夫を考えたり、集中力を高める。
●日ごろ使うことの少ない肩と腕を使うことにより機能の回復をはかる。

ピンのつくり方・並べ方

紙に点数を書き、あき缶、ボトルにはりつける。

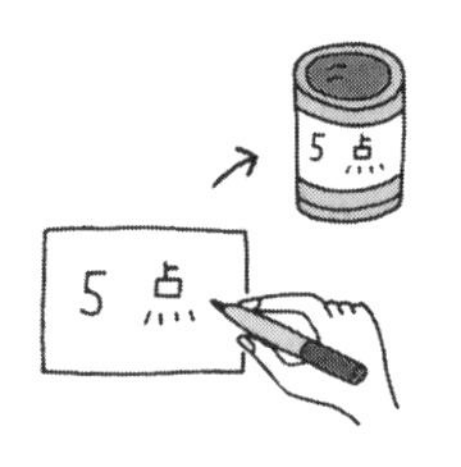

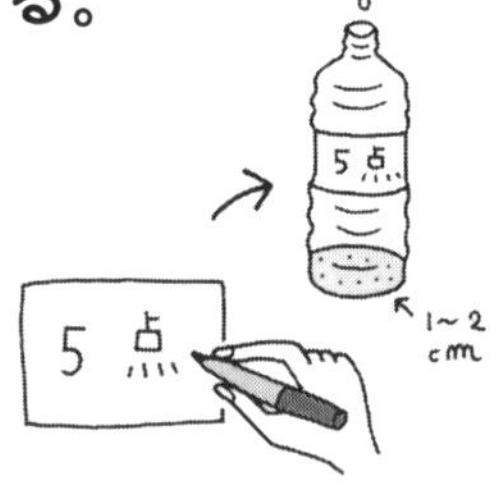

リボンや鈴をつけると楽しくなる。
ペットボトルの下から１～２cmの高さまで水を入れる。

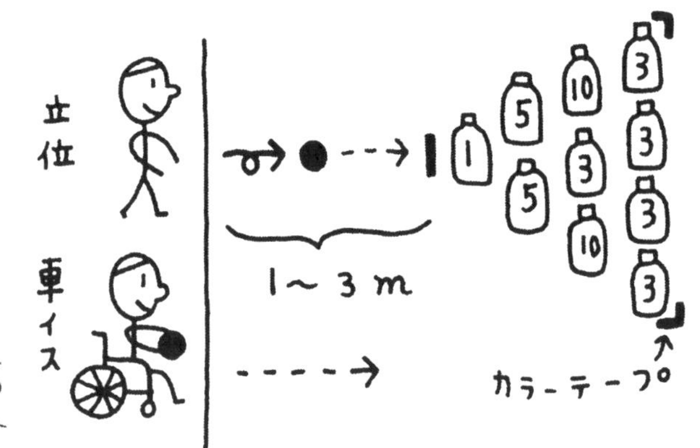

カラーテープで印をつけておくと並べやすい。

遊び方

その1 あき缶でカラカラ〜ン

❶スタートラインから1〜3m離れたところに、ボウリングのピンと同じようにあき缶を10本並べる。

❷ゴムボールを両手もしくは片手で持ち、ピンをめがけてころがす。1人ずつ投げる。倒れた缶の点数を合計する。1人2回投げるので、1回目に倒れたあき缶ははずす。

その2 ペットボトルでドカ〜ン

❶ペットボトル（1ℓもしくは500mℓ）に水を1〜2cmほど入れ、ボウリングのピンと同じように10本並べる。

❷バレーボールを両手で持ち、ピンをめがけてころがす。倒れたペットボトルの点数を1回ごとに合計して個人で競いあう。ダブルスの場合は、2人で1回ずつ投げる。

※1回目に倒れたペットボトルはすぐはずし、2回目は残りのペットボトルに当てる。

ここがポイント！

- ●個人の体力に応じて、あき缶やペットボトルを使いわける。
- ●シングルス大会→1人ずつの得点とする。ダブルス大会→2人ペアになり、1回ずつ投げて得点を合計する。
- ●疲れないように、待っている間は座位にさせる。または椅子を用意して座らせる。
- ●年齢や身体の条件によっては投げる距離を短くする。

花のパチンコ

ボールを投げてチューリップの花を咲かせましょう。
釘に当たって入ったり入らなかったり。
番号のついたカップに入れば景品がもらえますよ。

用意するもの　●ベニヤ板（縦１～1.3m×横60cm～１m）
●トイレットペーパーの芯　●発泡スチロールのカップ（大、中、小。１つの板に８コ）　●ゴムボール（小。たくさん）　●色紙
●ハサミ　●接着剤　●ガムテープ　●景品
人数　多い方がよい。
対象　車椅子の人、立位の人
ねらい
●若い頃にやったパチンコを思い出させ楽しませる。
●腕と頭を特に使うことにより脳の活性化をはかる。

パチンコ台をつくろう

❶ベニヤ板（ダンボールを広げてつなぎあわせてもよい）に、きれいな色紙をはって下地にする。

❷発泡スチロールのカップをベニヤ板にはる。パチンコの釘としてトイレットペーパーの芯をはる（ボールの入りをおもしろくする）。接着剤ではった後に、ガムテープで補強するとよい。

❸１～５の番号をつける。ここに入ると景品がもらえるので、入りやすさや難しさ、参加者の状態を見てつける。

※番号のないところに入っても景品はもらえない。

景品を用意する

景品の品物は職員の方で考えて用意する。
景品は１に入れば１個、５に入れば５個あげる。

<パチンコ台>

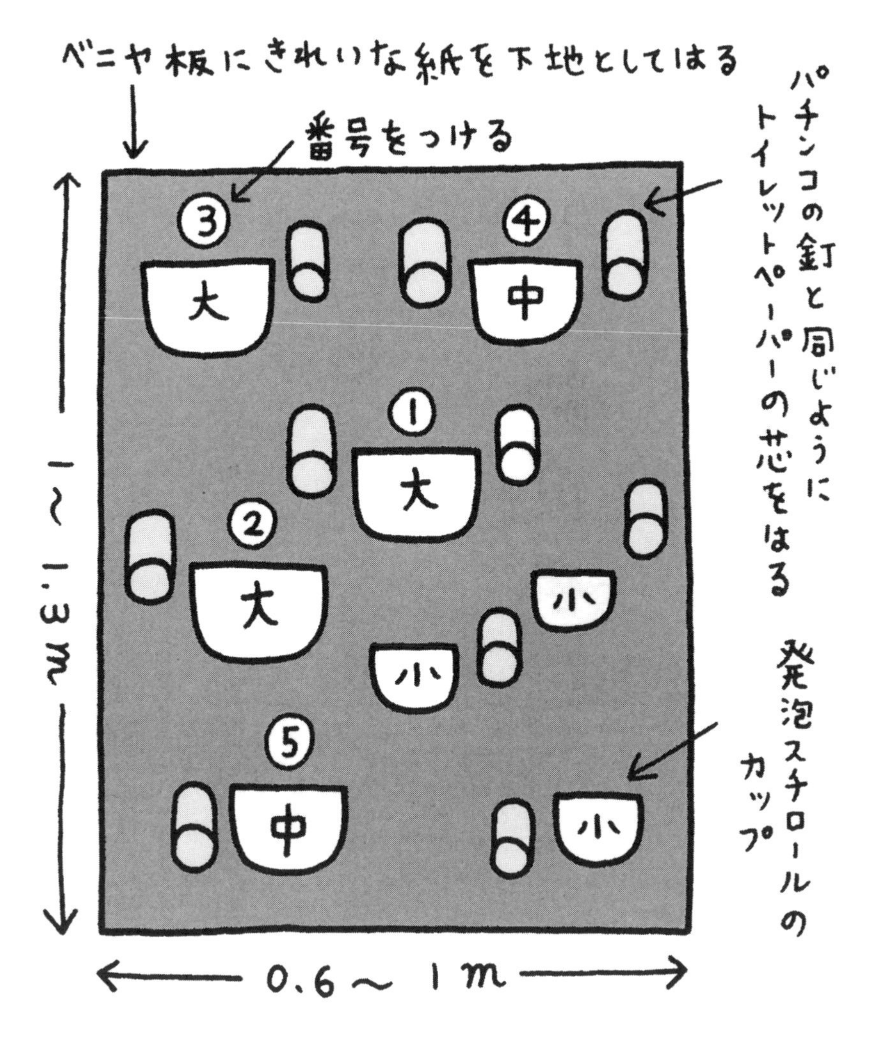

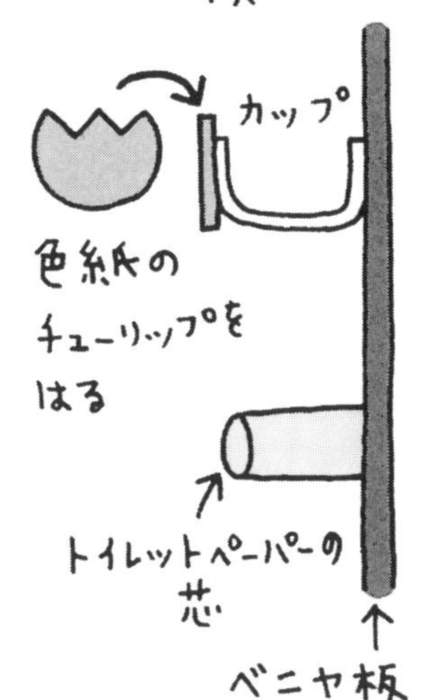

色紙でチューリップの花をつくり、よりパチンコ台らしくする。

遊び方

❶ボールを持ってスタートラインに立ち、ねらった番号めがけて投げる。途中にペーパーの芯があるので、うまくカップに入る時もあるし、芯のそばを通りぬけて下まで落ちてしまう時もある。また、芯のおかげでちがうカップに入ったりすることがあるので、芯のつけ方によっては、難しくもなるし入りやすくもなる。

❷１人３分間の時間内に何個ボールがカップに入ったか、または景品がいくつもらえたかを競いあう。
パチンコ台が２台あれば、多くの人数で楽しむことができ、１人３セットぐらいできる。

＜勝敗表＞

回 ＼ 名	1回目					2	
	1	2	3	4	5	1	2
A氏	一		下	一		T	
B氏	一	T	T			一	一
C氏			一				

↑正の字を書いていく

●職員の方で、勝敗表をつくるとよい。

※カップに入ったボールを１回１回取るかどうかは、ボールの大きさにもよるので、その時に決めればよい。

ここがポイント!

●少しでもパチンコ屋の雰囲気が出るように音楽を流す。

●入りやすいところ、入りにくいところをつくる。

●車椅子、立位など、お年寄りの体力に応じて投げる距離を決める。

ことばづくり遊び

指示された題について、51枚のカードから答えになる文字を選んで並べます。決まった文字数しかないので1文字でもないと答えられなくなります。さあ、なるべく早く文字を探しましょう。

用意するもの　●「あ」～「ん」まで書いた51枚のカード（A４の半分の大きさに１字を書く）　●マジックペン

人数　１グループ５～６人。
対象　立位の人も座ってできる。車椅子で下に座りにくい人は、車椅子に乗って介助の人に取ってもらう。
ねらい
●ことばをカードでつくることにより思考力を養う。
●脳の刺激になってよい。

遊び方

❶51枚のカードをきちんと並べ、そのカードの回りに座ってもらう。

❷ゲームの前に、まずは50音を「あ」から順に声を出して言ってみる。文字の場所の確認と、50音の文字を思い出させる（確認していく）。

❸次に、指示された題を聞いて、各自が思いついた名前の字を取っていく。

※はじめは、自分の名前を集めてつくってみるとよい。その様子を見てからはじめる（みんなの状態がわかるため）。

※同じ文字は２枚ないので、なるべく早く見つけるようにし、手が届かない人は、介助者に取ってもらう。

「ことば」をつくる題をあげる

1自分の名前、家族の名前
2動物の名前
3くだものの名前
4好きな食べ物（料理）

ここがポイント！

●介助者に取ってもらってもよい。
●介助の人が必ず回りについて、カードが取れない人に取ってあげるようにする。
●特にはじめは、ゆっくりと時間をかけて取るようにする（ことばを思い出させるために）。

私は洗濯屋さん

浴衣を上手に素早くたたみましょう。3グループにわかれ、10分間に何枚たためたかを競います。たたみ方が不公平にならないように、最初に職員が見本を示すとよいでしょう。

用意するもの　●浴衣またはねまき（10枚×３グループ分）
●ふろしき３枚　●テーブル３台（車椅子の人のために）
人数　１グループ５人で３グループつくる。
対象　車椅子の人、立位の人
ねらい
●娯楽性を持った団体リレーで、積極性が要求される。
●手先を使うことによって脳を刺激するとともに仲間意識を高める。
●グループでともに達成するよろこびを味わう。

遊び方

❶「よーい、ドン」の合図で、各グループから１人ずつ出る。

❷浴衣を１枚取って座り、長く伸ばした状態にして浴衣をたたみはじめる。

※車椅子の人は、浴衣の横にテーブルを置き、その上に広げてたたんでもらう。

❸きちんとたたみ終えた人は、前に広げてあるふろしきの上に置く。そばに職員がついていて、時どき介助することもよしとする。
置いたら自分のグループにもどり、次の人にバトンタッチする。

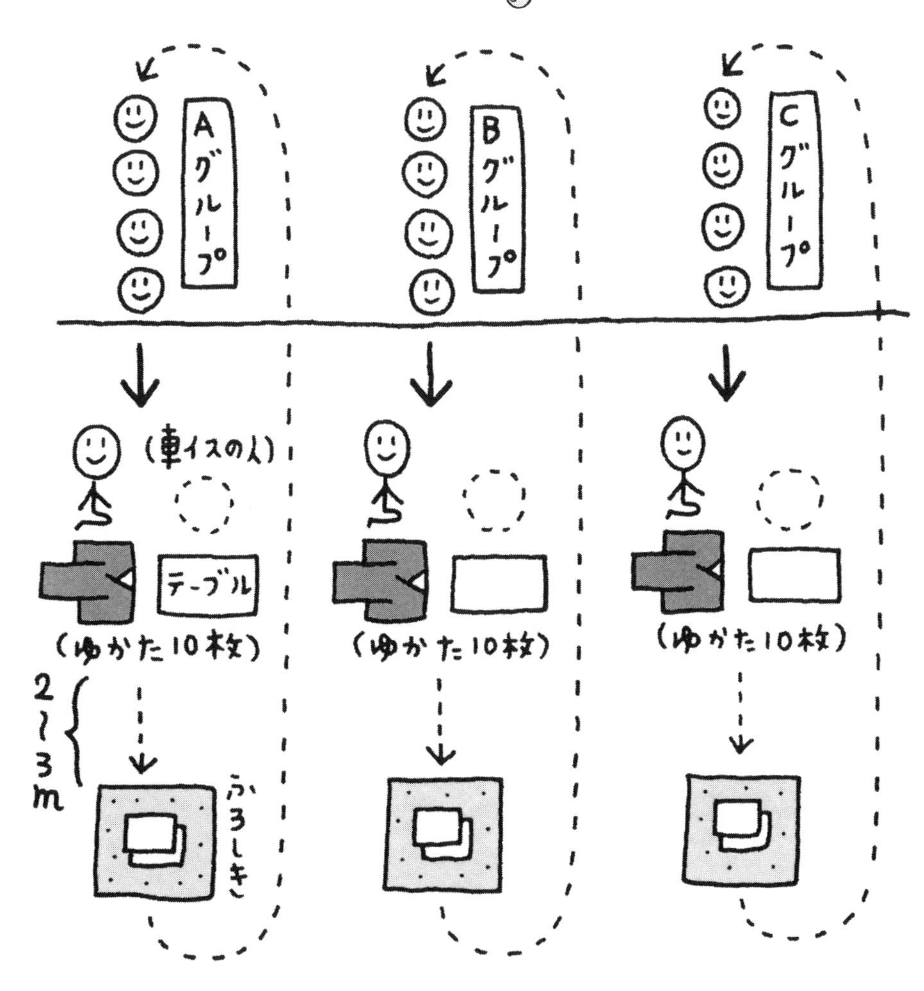

❹次の人は、たたんだらふろしきの上に順番につみ重ねていく。
10分間で何枚の浴衣をたたむことができるかを競う。

※浴衣は最初から10枚置いてあってもいいし、その都度出してもよい。

ここがポイント!

- 座って行なうので、車椅子の人にはテーブルを用意し、その上で行なわせる。
- 腕の不自由な人の場合は、急がせないように注意する。
- はじめる前にたたみ方の見本を示し、そのようにたたんでもらう。

輪っかづくりでギネスに挑戦

おり紙を4等分した紙片をたくさん用意します。合図で1人ずつ輪っかをつくり、次つぎにつなげていきます。
制限時間内にどこまで長くできるか、新記録に挑戦しましょう！

用意するもの　●おり紙（たくさん）　●のり　●ハサミ　●テーブル
人数　1グループ10人ぐらいにして、いくつかのグループで競う（大勢の方がよい）
対象　車椅子の人、立位の人
ねらい
- ●手指を使うことにより脳の刺激になってよい。
- ●みんなで競いあいながらつくり上げることによって、仲間意識を強める。
- ●きれいに仕上がる様子を見て楽しさを感じさせる。

遊び方

❶おり紙を4等分にしたものをたくさん用意しておく。

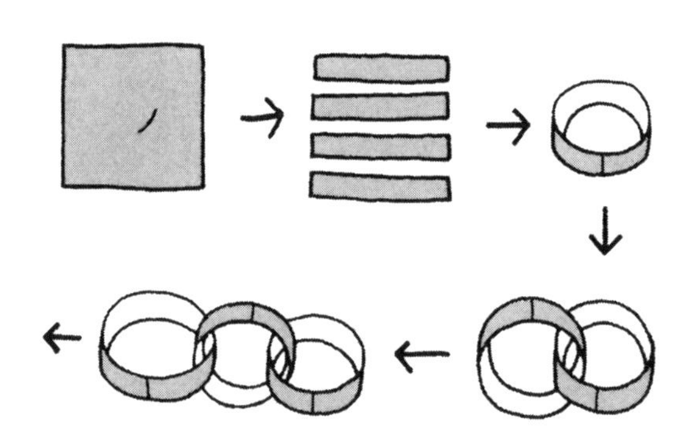

❷「よーい、ドン」の合図で、先頭の人がおり紙の端にのりをつけ輪っかを1つつくる。できたらとなりの人にわたす。

❸次の人は、1枚のおり紙を輪の中に通して輪っかにする。端にのりをつけ、2つの輪ができたらとなりの人にわたす。

❹わたされた人は、同じように輪をつくりふやしていく。

※1人ひとりの前に紙は用意しておく。自分の好きな色でつくることも、その人の意欲を高める。

❺5分間たったら、「やめ」の合図で終了。いくつ輪ができたかを各チームについた職員と一緒に1つずつ数えていき、どのチームが一番多くつくれたかを決める。

※でき上がったものは、自分たちがふだん使う場所などに飾っておこう。思い出にもなるし、つくり上げた達成感も味わえる。

※何回・何日かにわけて少しずつ長くしていくのも楽しい。

ここがポイント！

●手が不自由な人には、ところどころ介助してあげるとよい。（片手マヒの人でもこのように配慮することによりみんなで楽しむことができる）

●のりをつける時、紙が動かないように押さえてあげるとスムーズにできる。

この中な〜に？

テーブルの上に置いてある品物を3〜5分間見てそれが何であるかを覚えます。その後品物をかくし、何がかくされていたかを答えます。2〜3か所からはじめて、できたら5〜6か所までやってみましょう。

用意するもの　●調理用ボウル（大。３〜７個）なければ、ふろしきや模造紙などおおいかくせるものなら何でもよい。●くだもの、野菜、日用品、身につけるものなど

人数

その１…１人ずつやってみる。

その２…グループ（３人）になってやってみる。多くてもよい。

対象　車椅子の人、立位の人

ねらい

●集中して思い出させることにより脳への刺激を与え、活性化をはかる。

●お互いの考えを出しあうことにより協調性をはかる。

●仲間の連帯感を強める。

遊び方

その1　1人でやってみよう

❶１人ずつテーブルの前に来て、テーブルの上に置いてある３つの品物を１つ１つ確認しながら覚えさせる。手にとって観察してもよい。３〜５分見せる。その品物の前に１、２と番号をふっておく。

❷その後、ボウルなどで品物をかくし、中に何が入っていたかを思い出させ言わせる。

※同じ種類のもので通す（例　くだものだけ、野菜だけ）

その2 グループでやってみよう

❶3人1組となる。まずは2か所からはじめる。何があるかを仲間と覚えさせる。

❷5分ぐらい見せたら品物をかくし、中に何が入っていたかを言わせる。

※かくす中身は2種類にして、お互い関係のあるものがよい。

ここがポイント!

- はじめはボウルの中の品数は1つとし、全部で3か所とする。慣れてきたら品数を5〜6か所にふやしていくとよい。
- 品物は、その日に食べたものや、自分の身の回りにあるものからはじめるとよい。
- ある程度、時間をかけて待って言わせるようにする。
- うまく言い当てることができたら全員でよろこんであげる。

人間ビンゴゲーム

ふつうのビンゴゲームと同じで、胸にぶらさげたカードの「ことば」が縦・横・斜めと3人そろったグループが勝ちになります。
3人そろって「イエ〜イ」となるグループはどこでしょう？

用意するもの　●「ことば」が書いてある用紙（Ａ３の大きさ）を１グループ９人×グループ分　●ひも
人数　１グループ９人で２〜４グループつくる。
対象　座位のグループ、車椅子のグループ、立位のグループとする。
ねらい
●ことばを聞いて目でその文字を探すことにより脳の活性化をはかる。

遊び方

❶たて３列、横３列で１グループ９人が座る。９人が「ことば」を書いてある用紙（カード）を首から胸の前にさげる。各グループの前に、リーダーを１人用意する。

❷職員が、「ことば」をゆっくり読みあげる。

※ことばは身近なもの（日常生活にあるもの、施設内にあるもの）とする。

❸リーダーが自分のグループの中でその「ことば」を探し、見つけたら、あったことを職員に知らせ、その人のカードをはずす。カードをはずされた人が、縦・横・斜めのいずれか３人そろったら「ビンゴ」と言う。早く３人そろったチームが勝ちとなる。

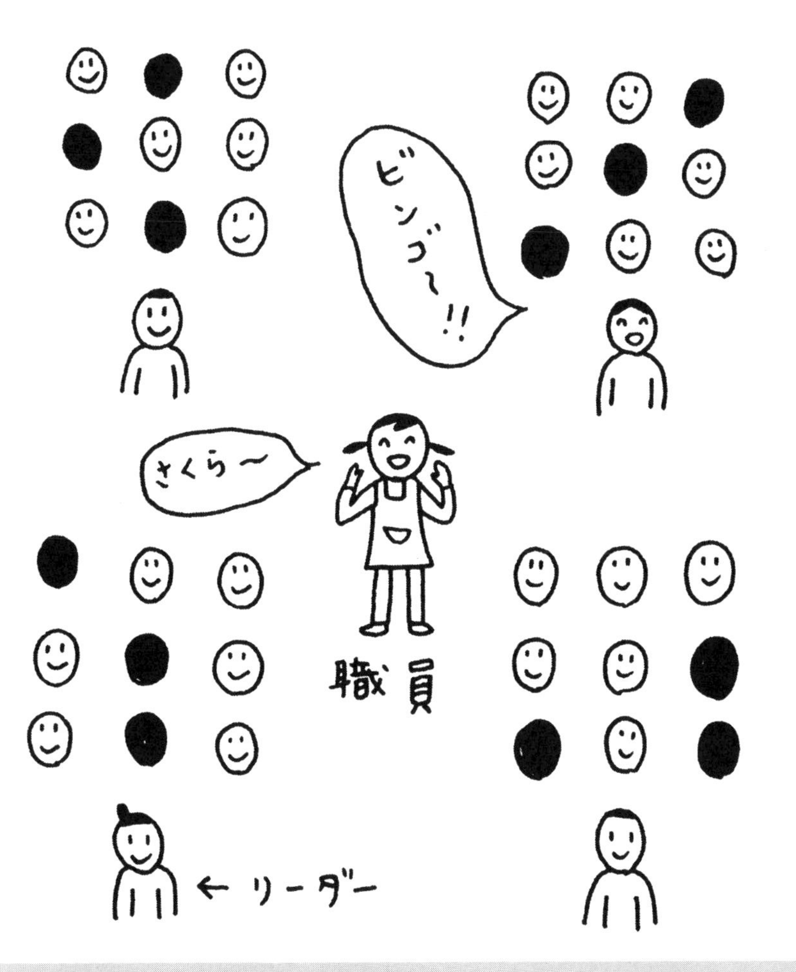

※１人がずっと同じカードを持ったままでもいいし、ゲームがはじまる度に今まで持っていないカードを持つようにしてもよい。

※座位の人は座位のみ、車椅子の人は車椅子のみでグループをつくり、座る。

ここがポイント！

- グループの人は同じ姿勢にしないと、リーダーの人がカードを見にくい。
- 介助者がそばにいて、カードをはずすのを手伝ってあげるとスムーズにいく。
- 探す時間は、１つのグループのリーダーが見つけたら次のことばに進むようにする。最初に見つけたチームに合わせ、テンポよく進める。

お買いものへ行こう

職員から買いものをたのまれました。品物を覚えたら、みんなでさあ出発！お店をまわって、まちがえずに買いものができるでしょうか。
全部合っていたら、合っていた品数だけ点数になります。

用意するもの　●野菜（にんじん・じゃがいも・だいこん・ピーマン・かぼちゃ・しいたけ・ネギなど）　●くだもの（みかん・バナナ・ももなどなるべくその季節にあったもの）　●缶づめ（ジャム・みかん・あずき・魚など）　●飲み物（牛乳・コーラ・ウーロン茶など）　●買い物カゴ　●ビニール袋（たくさん）
人数　３つのグループにわかれ、各グループから１人ずつ出て、３人で競う。大勢の方が楽しめる。
対象　車椅子の人、立位の人
ねらい
●活動への意欲を高め、みんなで楽しむとともに集中力や緊張感を体験する。
●言われたことを思い出しながら買うことにより、記憶力の訓練にもなる。

遊び方

その1　1人で買う

❶職員の人が３人に対して、1人ずつ３つの種類の品物と数を言う。ゆっくりと確認しながら覚えさせる。

※最初は、３個ぐらいからはじめる。

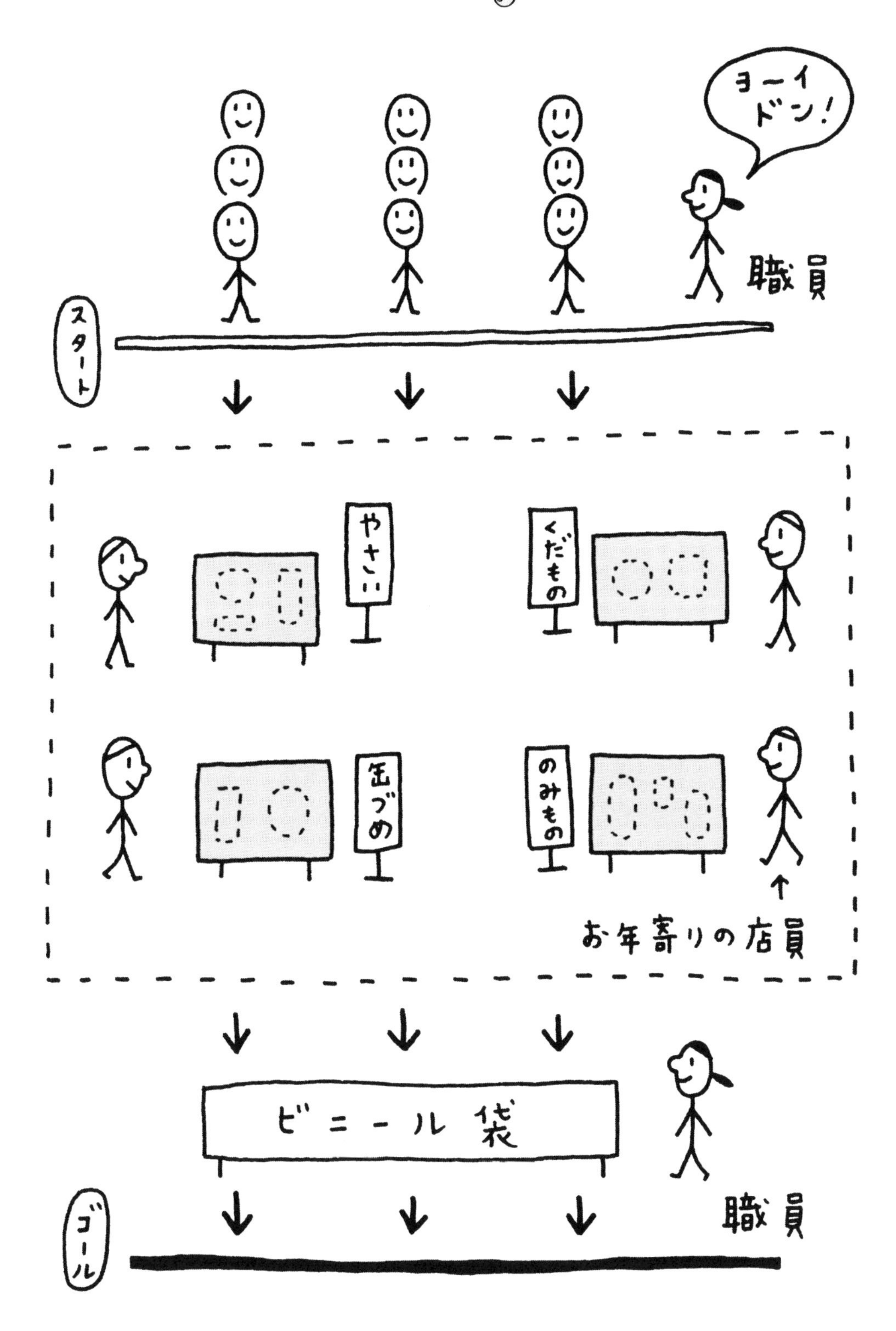

※コーナーの前でその品物を、自由に何個でもカゴに入れ直してもよい。

※各コーナーにお年寄りの店員をつかせておく。

❷そして、1人ひとりに買いものカゴをわたしてスタートさせる。3人は、どのコーナーから買いものをしてもよいとする。

❸言われた通りの品物と個数を買ったら、台に持っていき、そこにあるビニール袋に入れる。そしてゴールのところで、買ったものを1つずつたしかめあう。合っていた品物だけ点数とする。合計点の多さをグループ対抗で競いあう。

※ゆっくりとみんなのペースに合わせる。

※よけいなものを買ったり、個数が多いとその分マイナスしていく。

※買いものをしながらお互い話をしてもよいが、立ち止まるようなことがあれば、次の方向にうながしてみてもよい。

※買いものがないコーナーがあってもいいし、同じコーナーで2〜3個あってもおもしろい。

その2 2人で買う

❶職員が３組のペアに対して、ゆっくりと、１組ごとに買う品物と個数を言う。

※１人が野菜、もう１人がくだものと分担してもよい。

❷買い終えたら、ビニール袋につめて職員にわたし、確認してもらう。

※３組一緒に確認しあう方がよい。

ここがポイント！

- 買いものになれたら、買いものの品数、種類もふやしていく。
- 缶づめ、飲み物は中味が入っている方がよいが重い。中を空にしてもよいが、外から見て何かわかるようにしなければならない。
- 男女ペアになってもよい。

私はミュージシャン

楽器で遊びましょう。若い頃によくうたった歌を選び、その曲をまず聞き、何回もうたって曲に慣れることからはじめます。自分の楽器を決めたら、楽器別に練習をして、みんなで演奏してみましょう。

用意するもの　●ハンドベル、鈴、カスタネット、タンバリン（人数分用意する）　●カラオケ用マイク　●歌詞を書いた紙

人数　「楽器グループ」「うたうグループ」の２チームにわける。１グループ15人ぐらい。楽器のグループだけでやってもよい。

対象　車椅子の人、立位の人

ねらい

●集団で行なうことにより、ふれあいや協力することを学ぶ。
●リズムに合わせて１つの曲をつくりあげるよろこびをわかちあう。
●決められた楽器を持つことにより自分の役割を自覚（認識）させる。

遊び方

❶はじめは、いろいろな歌を（童謡から流行歌まで）カセットなどで聞いてみる。

❷お年寄りに思い出深い、若い頃によくうたった歌を選んでもらう。

❸その歌をみんなで聞いたりして思い出させる。そしてその曲に慣れることから始める。

❹職員が、使う楽器やその楽器の使い方などをみんなに説明する。
そして、各自に希望する楽器を選んでもらう。

❺パート別にわかれて、その楽器に慣れるために音階の位置や大きさなどを確認する。

❻ハンドベルの人は、はじめはドレミから順に何回も練習していく。できるようになったら、決まった歌を1小節ずつ練習していく。

※練習の時、自分がどの音階か、目の前に音階名を書いてはっておくとよい。

❼他の楽器の人は、楽器別に練習をしていく。

❽全員で合わせてみる。

❾歌のグループと合わせてみる。

※パートの練習時間をできるだけとるようにしたい。

さあ、発表しましょう！

<Aタイプ>

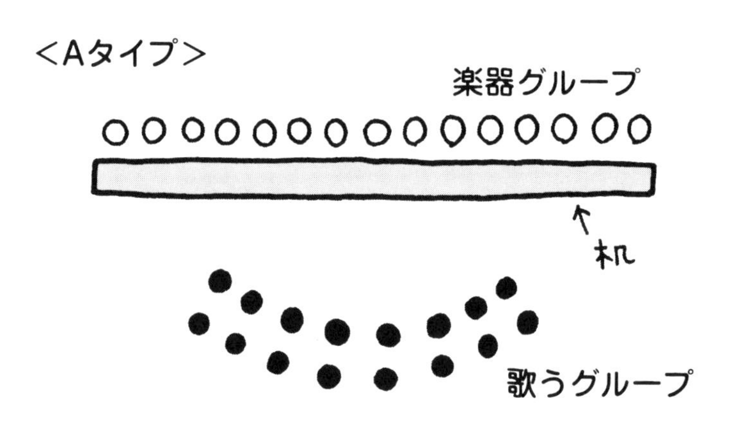

<Bタイプ>

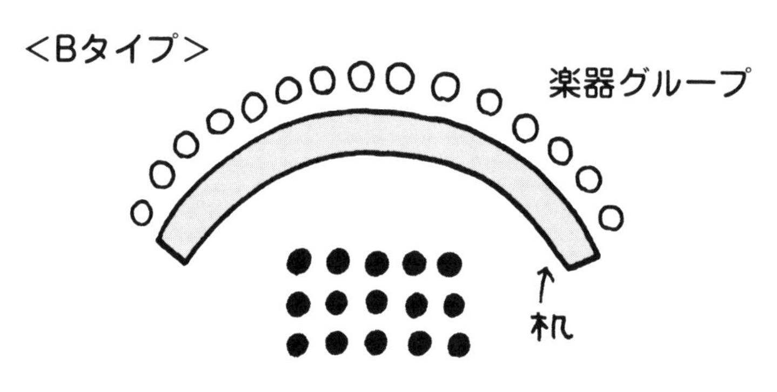

歌うグループ

隊形はA、Bどちらでもよい

こんなことに配慮を

※そばに職員がついて指示をする。

※立位の人にも椅子を用意して、いつでも座ってやれるような配慮をする。

※服装にも気を配るとおもしろいし、気分も出しやすい。

　男→ちょうネクタイ
　女→スカーフ、リボン

※指揮者も選ぶと、より雰囲気が出て楽しめる。

※歌のグループは、列になってもいいし、半円でもいいし、その曲によってスタイルを変えてよい。

ここがポイント！

- ●楽器は自分で選び、その希望を尊重するのがのぞましい。
- ●歌詞を模造紙などに大きく書き、見やすいところにはっておく。
- ●技術面よりも楽しみながら行なうことの方が大事なので、そういった配慮が必要である。
- ●ゆったりとしたテンポで行なわせるのがよい。

本書は、2002年9月小社より刊行された単行本を大判化し新装版にしたものです。

プロフィール

原田律子（はらだ　りつこ）

福岡県生まれ。故人。
日本女子体育大学体育学部卒業。
中学校1級、高校2級保健体育教諭教員免許／スポーツテスト判定員（日本体育協会）／
応急手当普及員（東京消防庁）／日本陸上競技連盟A級公認審判員
日本リハビリテーション専門学校、日本福祉教育専門学校、多摩リハビリテーション学院、
関東リハビリテーション専門学校で、体育理論と実技を指導した。

著書　『リハビリテーションを学ぶあなたへ』（教育史料出版会）『新装版　高齢者の手あそび・指あそび＆足体操』『高齢者も楽しい 車椅子でできる健康体操』『高齢者の疾病別リハビリ体操』（以上、いかだ社）など

本文イラスト●はやしゆうこ
カバーイラスト●種田瑞子
本文デザイン●杉本礼子

新装版 高齢者のレクリエーション＆健康ゲーム

2020年2月1日　第1刷発行

編著者●原田律子©
発行人●新沼光太郎
発行所●株式会社いかだ社
〒102-0072 東京都千代田区飯田橋 2-4-10 加島ビル
Tel.03-3234-5365　Fax.03-3234-5308
E-mail info@ikadasha.jp
ホームページ URL　http://www.ikadasha.jp
振替・00130-2-572993
印刷・製本　モリモト印刷株式会社

日本音楽著作権協会（出）許諾第 1914293-901 号
乱丁・落丁の場合はお取り換えいたします。
Printed in Japan
ISBN978-4-87051-519-2

関連書のご案内

高齢者10000人が選んだ うたいたい歌

大石亜由美/編著　B5判各80ページ●各本体2,500円+税

介護現場の声に応えた「すぐに使える」シリーズ !!

●回想をうながす活動で認知症予防！　●大きな文字で見やすい歌詞
●世代と時代を超えて愛される歌全36曲（カラオケ30曲）収録。
●高齢者が無理なくうたえる音域に配慮したアレンジ
●伴奏はもちろんBGMとしても活躍。　●高齢者の意欲を引き出す声かけや導入。
●音楽を生かしたレクリエーション活動や手足の運動などを多数収録！

心にしみる 懐かしの歌・四季の歌

収録曲[全36曲/★:カラオケ付き]

【懐かしの歌】★故郷/★青い山脈/★川の流れのように/★北国の春/★瀬戸の花嫁/★愛燦燦/★高校三年生/★星影のワルツ/★ここに幸あり/★影を慕いて/★知床旅情/★浜辺の歌/★琵琶湖周航の歌/★旅愁/★浜千鳥/★早春賦/★カチューシャの唄/★埴生の宿/★我は海の子/★冬景色

【四季の歌】★荒城の月/さくらさくら/★春の小川/★朧月夜/★みかんの花咲く丘/うみ/ほたるこい/茶摘/赤とんぼ/★里の秋/四季の歌/★紅葉/★見上げてごらん夜の星を/★湖畔の宿/★ともしび/★ふじの山(富士山)

童謡・唱歌・わらべうた 民謡・外国の歌

収録曲[全36曲/★:カラオケ付き]

★赤い靴/春よ来い/★ズンドコ節(海軍小唄)/★ゴンドラの唄/★あおげば尊し/★叱られて/★港が見える丘/かごめかごめ/★七つの子/★ローレライ/★竹田の子守唄/★アメイジング・グレイス/★黒田節/★ずいずいずっころばし/春が来た/★十九の春/★ソーラン節/★箱根八里/★炭坑節/★あの町この町/ゆりかごのうた/★牧場の朝/あんたがたどこさ/★こいのぼり/★野中の薔薇(野ばら)/通りゃんせ/★砂山/★あめふり/★村の鍛冶屋/★証城寺の狸囃子/★みどりのそよ風/★きよしこの夜/★兎のダンス/★靴が鳴る/★仲よし小道/★アロハ・オエ

関連書のご案内

色えんぴつや絵の具で気軽に描ける

大人が楽しむはじめての塗り絵

**大人の塗り絵は、脳の活性化に効果があり、
ボケ防止や認知症などの予防、回顧療法に有効です。**

四季の花

おくださがこ/絵と文
A4変型判88ページ
本体1,300円+税

北海道の旅

イマイカツミ/絵と文
A4変型判56ページ
本体1,200円+税

高尾山の草花

おくださがこ/絵と文
A4変型判88ページ
本体1,300円+税

大阪の風景

あずまみちこ/絵と文
A4変型判56ページ
本体1,200円+税

春夏の花と実

あいきもりとし/絵と文
A4変型判64ページ
本体1,300円+税

九州の四季彩

立川眞澄/絵と文
A4変型判60ページ
本体1,200円+税

秋冬の花と実

あいきもりとし/絵と文
A4変型判64ページ
本体1,300円+税

カラー完成図をお手本に、1枚ずつ切りとって
すぐに塗り絵が楽しめます。全作品カラー見本付き。

塗り絵初心者にオススメです！